Maurício Allarcon

Ao Lado das Gôndolas

O trabalho dos demonstradores de produtos no supermercado

SENAC
Serviço Nacional de Aprendizagem Comercial – DF

PRESIDENTE DO CONSELHO REGIONAL
José Aparecido da Costa Freire

DIRETORA REGIONAL SENAC - DF
Karine Avelar Câmara

DIRETORA DE EDUCAÇÃO PROFISSIONAL E TECNOLÓGICA SENAC-DF
Cíntia Gontijo de Rezende

EDITORA SENAC DISTRITO FEDERAL

Coordenador de Relações Comerciais
Aderval Carlos de Andrade

Equipe da Editora
Nair Ofuji
Higo Dantas
Valdeir Gama

EDITORA SENAC-DF
SIA Trecho 3, lotes 625/695, Edifício Sia Centro Empresarial, Cobertura Bloco "C", CEP 71200-030-Brasília -DF
Telefone: (61)3313.8770
e-mail: editora@df.senac.br
www.df.senac.br/editora

CONSELHO EDITORIAL
Ana Carolina Gregório do Amaral
Cintia Gontijo de Rezende
Luís Afonso Bermudez
Luiz Carlos Pires de Araújo
Sandra Ferreira Gusmão

NESTA EDIÇÃO

Texto
Maurício Allarcon

Capa, Projeto gráfico e Diagramação
Gustavo Coelho

Revisão de prova:
Nair Ofuji

Fotografia
Maurício Allarcon

Revisão
Editorar Multimídia

Copyright © by Maurício Allarcon
Todos os direitos desta edição
reservados à Editora Senac-DF.
Editora Senac Distrito Federal, 2021.

Ficha Catalográfica
Dados Internacionais de Catalogação na Publicação (CIP)

Allarcon, Maurício
  Ao lado das gôndolas: O trabalho dos demonstradores de produtos no supermercado / Maurício Allarcon - Brasília : Senac-DF, 2021.
  148 p.:il.
  Incluir bibliografia.
  ISBN : 978-85-62564-51-2

  1. Logística. 2. Promotor de vendas. 3. Supermercado. I.Título.

                                                    CDU 658.82

Cláudio da Silva de Jesus – Bibliotecário - CRB 2758/DF

AO LADO DAS GÔNDOLAS:
O TRABALHO DOS DEMONSTRADORES DE PRODUTOS NO SUPERMERCADO

Maurício Allarcon

Brasília-DF,
2021

AGRADECIMENTOS

Agradeço primeiramente à Deus, e minha prima, a Professora Magali de Macedo Kolczycki, a quem amo e tenho muito orgulho por ser meu exemplo de vida, entusiasmo, retidão e profissionalismo.

Sempre me mostrou que não se desiste das coisas boas, termina-se os projetos começados, e leva-se a vida com serenidade. Obrigado por fazer parte de toda minha vida.

A todos meu forte abraço,
Maurício Allarcon

SUMÁRIO

CAPÍTULO I

1. Apresentação 9
2. Objetivos do livro 10
3. Mercado de trabalho e ascensões da carreira 11
4. O que é demonstração 15
5. Quem é o (a) demonstrador (a) 18
6. Perfil desse profissional 18

CAPÍTULO II

1. Funções do cargo do demonstrador 31
1.1. Na filial ou escritório: 32
1.2. Na rua ou nos clientes: 36
2. Como desempenhar bem seu trabalho 52
3. Âmbito de relacionamento 59
4. Comunicação interna e externa 62
5. Responsabilidade, assiduidade, pontualidade 66
6. Imagem pessoal e da empresa 71
7. Tenha suas próprias metas: seja um profissional *plus* 73
8. Desenvolvimento pessoal, crescimento profissional 74

CAPÍTULO III

1. Departamentos/seções das lojas 77
2. Relatórios: importância e responsabilidade 91
3. *Merchandising* 93
4. Materiais de ponto de vendas 99
5. Adversidades da profissão: como agir frente à elas 102

CAPÍTULO IV

1. Bom relacionamento com o seu rei 111
2. Demonstração, degustação e vendas 115
3. Tipos de clientes consumidores 128
4. Cartão ponto, livro de anotação 133
5. Segurança no trabalho 134

Glossário 137
Referências 146

CAPÍTULO I

1. APRESENTAÇÃO

Com a oportunidade e o privilégio de trabalhar e coordenar equipes de demonstradoras de produtos perecíveis nos supermercados, aprendi muito sobre o trabalho desses profissionais, como também desmistifiquei muitas informações a respeito deles.

Esses profissionais vendem muito, além de criarem uma demanda que perdurará por muito tempo nas lojas onde fizerem seus trabalhos.

A importância desse profissional no mercado me levou a escrever para passar um pouco do que aprendi, para trocar informações a respeito da rotina do trabalho, responsabilidades, influências no mercado, postura e muito mais.

Muitas vezes, o primeiro contato que um consumidor tem com um determinado produto é por meio de uma demonstração feita em algum supermercado que ele frequenta. O primeiro contato irá determinar a demanda e a fidelização do consumidor, que poderá também divulgar o produto entre seus contatos se o trabalho do demonstrador for bem feito.

2. OBJETIVOS DO LIVRO

Resolvi desenvolver mais este trabalho por causa da similaridade que existe entre o profissional promotor de vendas e a demonstradora. Da mesma forma que tive dificuldade com o trabalho junto aos promotores e com o supervisor de vendas, tive também com os demonstradores. Dificuldade no sentido de buscar informações para treinar as profissionais na área, porque o material que possuía era apenas específico para a empresa que eu trabalhava, e não generalizado como pretendo mostrar.

Embora o trabalho das demonstradoras seja muito variado, existem muitas atividades que são comuns a todas as ações que elas praticam, como veremos no decorrer deste trabalho.

Este livro também é o resultado de experiências vividas ao longo de alguns anos e de pesquisas de campo, junto a profissionais da área.

Dirige-se aos profissionais ou futuros profissionais no ramo de demonstração de produtos nos pontos de vendas, mais especificamente nos supermercados, aos representantes comerciais, vendedores, supervisores, e profissionais dos supermercados, como também agências que recrutam, selecionam, contratam e treitam estes profissionais, que precisam, de alguma forma, conhecer ou reforçar o conhecimento sobre o trabalho de demonstração.

Tenho por base os seguintes objetivos:

- Orientar o desempenho do profissional que estiver se habilitando a esta função profissional, bem como aos que já são habilitados, mas que necessitam de alguma pesquisa na área;
- Atender a algumas necessidades do mercado, colaborando mais com pessoas qualificadas ou orientadas para exercerem as funções de demonstrador, tornando-as mais competitivas e valorizadas;
- Habilitar os profissionais já atuantes por meio de suas empresas, visando melhorar a qualidade dos serviços prestados aos clientes; e
- Valorizar o profissional **demonstrador**, com o respeito que lhe é devido.

3. MERCADO DE TRABALHO E ASCENSÕES DA CARREIRA

Para cada produto lançado, existe uma força tarefa para colocá-lo no mercado e criar a demanda na região onde se está trabalhando.

Muitas empresas disponibilizam verbas e pessoal para atuarem na divulgação de seus novos produtos. Às vezes trabalha-se com produtos já instalados no mercado, porém, que necessitam de uma ação específica para divulgar melhor, vender um lote específico, para criar demanda para uma determinada loja que se está inserindo aquele produto no mix, entre outros motivos.

Ao lado das gôndolas: o trabalho dos demonstradores de produtos no supermercado   11

As demonstradoras têm um papel importantíssimo na divulgação e vendas dos produtos lançados ou inseridos nas lojas. Um trabalho bem feito resulta em excelentes vendas e demanda garantida. Estima-se que 10% dos clientes abordados e que adquirem o produto trabalhado acabam fazendo parte da demanda permanente daquela loja.

O treinamento das profissionais é fundamental para que elas possam desempenhar bem seus papeis diante do consumidor final.

Existem duas vertentes de treinamento. Uma para o básico dos demonstradores, o comportamento, a apresentação, a forma de expressão, os equipamentos etc. e a outra que está ligada ao produto que se está trabalhando especificamente e seus equipamentos, se for o caso.

Falaremos das duas partes, porém a segunda será mais genérica com alguns exemplos de variações de demonstração.

O importante é saber um pouco do profissional e das atividades que o cercam, tudo em torno dos produtos a serem demonstrados nas lojas de supermercados.

Quanto mais se lançam produtos no mercado, mais é necessária a divulgação destes. Associado à mídia, o trabalho dos demonstradores se faz presente nas melhores lojas de supermercados no país.

Há três maneiras básicas de contratar esses profissionais. A primeira é contratação direta para o quadro de funcionários da empresa fabricante que é, ao mesmo tempo, fornecedora de seus produtos aos supermercados.

A segunda é terceirizando seus serviços por meio de empresas de promoção, e os demonstradores ficam por um determinado tempo trabalhando com diversos produtos até encerrar seus contratos.

A outra forma é como *freelancer*, onde o profissional trabalha para um determinado produto somente para o período projetado, podendo ser contratados por intermédio da agência ou como autônomos (trabalho temporário).

Independente da forma de contratação, a maneira como se atua frente aos clientes nas lojas é igual e de mesma importância. Há muitas possibilidades de ascensão na profissão, uma vez que existem várias atividades e cargos que estão ligados aos demonstradores.

O comum é vermos mulheres fazendo demonstrações de produtos nas lojas de supermercados, mas tratarei sempre como "demonstradores", porque acredito que homens também fazem um excelente trabalho na função mercado.

Recentemente estive numa loja conversei com um demonstrador após a sua abordagem feita com tanta destreza. Homens também atuam na área, talvez por força do hábito, onde todos estão acostumados a ser abordados por mulheres. Penso que já está na hora de mudar este conceito.

Pode-se crescer na profissão dependendo do planejamento de vida profissional de cada indivíduo, e das possibilidades internas de cada organização.

Imaginemos uma empresa de médio porte na qual, para cada grupo de demonstradores, existe uma pessoa responsável, que geralmente foi promovida para o cargo por conhecer bastante, por ter desempenhado o trabalho de forma muito profissional anteriormente, pelo conhecimento dos produtos da empresa, pelo conhecimento do mercado onde a sua região geográfica foi estipulada, entre outras coisas.

Como podemos ver, não depende apenas de haver a vaga para que o demonstrador se candidate, é necessário também algum tempo para o profissional conhecer bastante sobre a empresa, como também a empresa conhecer bem o profissional que está promovendo.

O aspecto liderança é extremamente importante para compor o perfil do promovido, como veremos nos tópicos seguintes. Para um profissional que pretenda ser promovido e realmente seguir uma carreira na área, é necessário o interesse dele em aprender e crescer.

Assim como o promotor de vendas, o demonstrador pode ser promovido para encarregado ou supervisor de demonstração (o nome do cargo também vai depender do que a empresa adotar), para vendedor, supervisor de vendas, para chefe ou gerente de vendas, e diretor ou gerente de filial.

Enfim, percebe-se que existe a possibilidade de ascensão na carreira, e este progresso só depende da certeza do profissional em alcançar a oportunidade.

As empresas organizadas estão atentas para contratação de mão de obra qualificada. Se um profissional mostra seu potencial, todos estarão observando e, antes mesmo de terminar seu contrato temporário, é possível que haja algum convite para trabalhar em outra empresa.

Se o profissional não for convidado não significa que este não possui competência, pode significar somente que não há oportuni-

14   Maurício Allarcon

dade no momento. Cada um deve cumprir seu dever e o restante virá sozinho.

- **Terceirização** é quando se transfere uma determinada atividade da empresa, contratando um terceiro para executá-la, normalmente pessoa jurídica e em caráter indeterminado.
- **Serviço temporário** é quando a empresa, tendo uma determinada atividade a ser executada por algum tempo, contrata uma empresa ou pessoa física por meio de uma empresa para fazer o trabalho por um período de tempo preestabelecido.

4. O QUE É DEMONSTRAÇÃO

Demonstração é um trabalho de *marketing* fantástico feito pelas empresas nos supermercados para apresentar ou promover um produto por algum tempo. Este trabalho pode e é feito pelos próprios supermercadistas quando também da promoção de um produto. Neste tópico iremos tratar da demonstração feita pelo fornecedor de produtos aos supermercadistas. Este trabalho pode ser feito com ou sem degustação de produtos.

As demonstrações são as que chamamos para ações sem degustação, que são aquelas nas quais os produtos são mostrados, apresentados, e que os demonstradores têm que falar ao consumidor final, cliente daquela loja, sobre o CVB (Características, Vantagens e Benefícios) daquele produto, estimulando-o a adquiri-lo.

A outra forma é a demonstração com degustação, que é um instrumento excepcional para a promoção de um produto. Nos lançamentos de produtos, monta-se a estrutura que for necessária para a execução daquela degustação, coloca-se uma pessoa, que pode ser

Ao lado das gôndolas: o trabalho dos demonstradores de produtos no supermercado

homem ou mulher, para fazer a preparação necessária e oferecer o produto aos clientes.

Há muito tempo, por exemplo, existe degustação de café, na qual são colocadas cafeteiras e disponibiliza-se uma amostra ao consumidor. Claro que o efeito maior é quando existe um profissional se comunicando e servindo o café exposto. Quando o produto só está disponibilizado, acaba virando uma "boca- de- pito", sem, contudo, forçar a venda daquela marca.

Outros produtos seguem essa mesma linha há anos e vêm coletando bons resultados em vendas e criação de demanda. Já fiz uma degustação de linguiça toscana que deixou o supermercado rescindindo cheiro pela loja toda. Eu, que apenas supervisionava os trabalhos, fiquei estimulado a consumir. Esse é um bom exemplo de degustação que se faz, com o estímulo de outros sentidos como olfato e paladar, e não somente o visual e auditivo.

As degustações são feitas devido a uma necessidade de venda rápida de um produto. Este produto pode ser lançado e, portanto, precisa ser divulgado. Pode ser por data de validade pouco curta para a quantidade disponível na loja; pode ser também para produtos com data de validade boa, porém com quantidade elevada na loja e que precisa ser vendida; e pode ser também por promoção mesmo, onde um fornecedor fez alguma ação de vendas que necessite do apoio de promotores e degustação junto.

Este trabalho deve ser, necessariamente, sempre bem feito, porque dele dependerá o sucesso ou não da vida daquele produto em caso de lançamento, e, em caso de promoção, não se deve deixar transparecer que a empresa, no caso o supermercado, precisa acabar com os estoques do produto.

Então, do que se trata um trabalho bem feito? É aquele em que o profissional faz a demonstração do produto falando das informações mais importantes dele, convencendo o cliente a levá-lo, sem, contudo chamar a atenção para si mesmo. Existe um equívoco na área onde algumas pessoas ainda acham que o demonstrador ou demonstradora deve ser uma pessoa muito bonita e que somente a beleza dela é que irá vender o seu produto. Isso não é verdade. A aparência excessiva só irá chamar a atenção para a pessoa do demonstrador e não para o produto, e a ideia não é esta.

O profissional pode até ter uma beleza chamativa, mas a responsabilidade do profissional aumenta ainda mais, porque ele ou ela deverá mostrar que o seu profissionalismo é maior do que sua beleza. A intenção das empresas está direcionada para vendas, e, no caso, para a demonstração de seus produtos.

Ao lado das gôndolas: o trabalho dos demonstradores de produtos no supermercado

5. QUEM É O (A) DEMONSTRADOR (A)

O demonstrador ou demonstradora é o profissional responsável não só pelas vendas, mas pela boa divulgação da imagem da empresa e do produto que estiver demonstrando. Embora seja um trabalho mais direcionado a um determinado produto, a responsabilidade do demonstrador vai muito além das vendas, porque estará lidando diretamente com o público consumidor e com o agravante de estar na casa do cliente, ou seja, numa loja de supermercado com um consumidor final.

O resultado de tudo que for dito ou apresentado será de responsabilidade do demonstrador, seja positivo ou negativo. O consumidor final será ou não um demandante daquele produto, e aí conta também o fato de o consumidor final se fidelizar àquela loja, o que vai depender do trabalho do demonstrador.

Ele ou ela deverá ser tão profissional a ponto de conseguir falar e demonstrar tudo o que sabe sobre o produto e convencer o consumidor a comprá-lo, e o melhor desta história é que fazendo certo, o consumidor fará a compra, usará o produto e constatando o que foi dito pelo demonstrador, voltará à loja e repetirá a compra.

6. PERFIL DESSE PROFISSIONAL

Estamos vendo como é importante o papel do demonstrador ou demonstradora, e devido a esta importância, esse profissional deverá apresentar um perfil específico para conseguir desempenhar bem o seu papel na atividade que lhe é conferida.

Vamos falar das principais características que envolvem o perfil deste profissional. Lembrando que dependendo da empresa ou do produto que se estiver promovendo ou vendendo, o perfil do demonstrador pode variar.

Principais características do demonstrador:

Quando falo nas características do profissional, não quero que uma pessoa tenha todas essas e todas perfeitas. Quando é feito um recrutamento e seleção, busca-se um profissional com o maior número de características possíveis para aquele cargo. O que tiver mais enquadrado vai ficar com a vaga.

Partindo deste princípio, é bom saber que os aspectos são importantes para quem irá iniciar ou mudar de emprego nesta área.

Autoconfiante

O demonstrador, para desempenhar bem suas atividades na função de convencedor, necessita ter confiança em si mesmo, senão não conseguirá estimular o consumidor final e seu trabalho não terá êxito.

Confiança em si é diferente de arrogância, a qual acaba afastando os clientes ao invés de atraí-los. Deve saber falar com firmeza e segurança sem perder o respeito.

Organização

As funções de demonstração são maiores do que aparentemente se apresentam. Veremos nos capítulos a seguir todas elas. É importante ressaltar que para ter sucesso e ainda passar a imagem de qualidade, é necessário muita organização.

Essa organização vem desde o uniforme (se houver), material de trabalho, sua aparência, o material promocional relativo ao produto que está trabalhando etc.

O demonstrador é uma vitrine exposta com a qual todos podem se comunicar. Portanto, o nível de exposição é muito maior do que a imagem.
Toda organização é pouca quando se expõe desta forma.

Habilidade para trabalhar com pessoas

O demonstrador ou demonstradora terá que, necessariamente, lidar o tempo inteiro com pessoas e, portanto, é necessário gostar desta interação. Falar com os clientes deve ser algo natural, e não forçado ou cansativo.
Numa avaliação para seleção, isso deverá estar claro para o avaliador na hora da decisão. Os demonstradores estarão lidando com pessoas de todos os tipos de humores, então se não gostar de se comunicar com pessoas não se sairá bem na função.

Suportar trabalho sob pressão

Todos nós, em quase todos os pontos relacionados ao trabalho, estamos sujeitos ao trabalho sob pressão. É o vendedor que precisa eliminar o estoque de produtos vendidos para aquela promoção, é o supervisor que quer ver o seu desempenho excelente o tempo todo, é o cliente lojista que imagina que ele irá vender a loja toda, ou o consumidor que está sempre esperando um produto milagroso e um atendimento excepcional etc.
A pressão existe em todo lugar.
Se não souber trabalhar sob pressão, o demonstrador estará jogando os produtos no cliente ao invés de oferecê-los a eles.
Independente disto, o profissional deverá cuidar para que a pressão do trabalho não interfira no âmbito familiar, porque se isso acontecer será mais uma pressão e de grande importância.

Capacidade de decisões rápidas

Em diversas situações no trabalho de demonstração, esse profissional se deparará com situações nas quais terá que decidir entre este ou aquele cliente, ou entre um tipo de abordagem e outra, ou até mesmo por uma estratégia de combater a contestação do consumidor. Estas decisões não são gerenciais, mas são de grande importância para o resultado das vendas na loja de seu cliente.

Administrar o tempo

Acredito que administrar o tempo seja característica de quase todos os profissionais no mundo inteiro. Com demonstradores não é diferente. As empresas, quando contratam demonstradores, esperam que eles sejam, no mínimo, pontuais. Então quando você for cobrado pelo tempo, como atrasos, faltas, isso pode significar a confirmação de que você precisa se organizar e organizar seu tempo.

Espírito de equipe

Parece estranho que um demonstrador tenha que ter espírito de grupo, porque ele ou ela fica em pé e sozinho num corredor de supermercado somente falando com pessoas estranhas. No entanto, o trabalho de um demonstrador é o resultado de um conjunto de coisas que fazem parte do trabalho em equipe. Para o demonstrador estar trabalhando num supermercado, um grupo de pessoas do departamento de *marketing* trabalhou muito para tomar as decisões que envolvem aquela ação. A empresa teve que prever em um plano de suprimentos, as quantidades de produtos a serem vendidos; os vendedores tiveram que ir aos seus clientes e negociar até vender; o grupo de recursos humanos teve que recrutar, selecionar, contratar, treinar, e por aí vai.

O trabalho dos demonstradores é sim um trabalho de grupo mesmo que não pareça, então o demonstrador deverá ter essa característica.

Automotivação

Para lidar com pessoas é necessário estar bem, o que não é tarefa fácil. Com as dificuldades diárias, o profissional deverá estar sempre se motivando, superando seus limites, evitando demonstrar suas dificuldades pessoais aos clientes abordados. Não é fácil conseguir isso, mas é necessário que saiba buscar um equilíbrio constante para realizar o trabalho.

Criativo

A criatividade está inserida nas tarefas diárias dos demonstradores, porque ao ter que falar com clientes, eles se depararão com universos diferentes. Cada um tem uma maneira de pensar, um jeito, uma visão e uma percepção das coisas. Nessa parte entra a criatividade.

Talvez você tenha que falar com um consumidor com um roteiro totalmente diferente do que foi ensinado no treinamento, porém foi a maneira com o percebeu e como conseguiu atingi-lo. A criatividade pode variar entre o que se pode dizer ao consumidor, com o *layout* dos produtos que estão expostos, e que podem ser mudados em função da ação de demonstração.

Ético

Quando se trabalha com pessoas e concorrentes a ética se faz presente. Todo profissional tem que ter postura ética, principalmente o demonstrador que está constantemente sendo visto e avaliado por todos.

Podem existir empresas que esperam mais agressividade com pouca ética, mas não acredito em empresas assim. Prefiro as mais corretas. É bem provável que você trabalhe em uma empresa mais exigente eticamente falando, até porque elas fazem parte da maioria.

Agindo de maneira ética ou tendo comportamento ético você será tratado e considerado no meio, pois suas atitudes serão percebidas por todos.Comportamento está também no trato e nas relações com os colegas. Numa loja, os nossos clientes logo percebem qual é o seu perfil ético, desde a maneira de se apresentar, passando pelas negociações e finalizando na maneira de se despedir.

Numa entrevista deve-se tomar muito cuidado para não comentar coisas que possam depor contra o seu perfil ético. Em muitos questionários de candidatos, vi perguntas que de cunho ético, tanto profissional como comercial.

Moral

Moral vem dos costumes, adquirida no meio em que se vive; é mutável, ou seja, um pouco aberta a mudanças; vem das práticas e é imposta pela sociedade; decorre da ética e é cultural.

Cuidado com o comportamento moral, pois este mostra seu caráter.

O meio comercial proporciona muitos contatos e relações com inúmeras pessoas. Não se permita confundir com tratamentos gentis recebidos. Lembre-se que estamos o tempo todo sendo avaliados como se tivéssemos que provar a todos a nossa integridade. Portanto, devemos nos comportar adequadamente.

Disciplinado

As instituições mais antigas do mundo só existem até hoje em função da disciplina, que funcionam ao modelo das forças armadas. O rigor, a sisudez, a hierarquia entre outras coisas podem ser, às vezes, não muito agradáveis, porém, com este conjunto sabe-se o que esperar dos resultados.

A disciplina é a maneira como você faz as coisas, de forma organizada e assídua, constante e rigorosa.

Uma pessoa disciplinada não chega atrasada em compromissos, não falta às suas responsabilidades, não costuma ter surpresas todos os dias, como, por exemplo, não ter uma determinada peça de roupa para vestir naquele dia só porque não viu com antecedência, como também não ter material de trabalho e só observar isso ao chegar à loja para trabalhar.

Parece elementar, mas uma pessoa disciplinada e organizada sofre menos para realizar suas atividades.

Perfil complementar:

O perfil técnico faz parte de qualificação profissional. São as coisas que ele aprendeu no decorrer de seus trabalhos anteriores envolvendo direta ou indiretamente o novo cargo.

Experiência anterior

É o que a grande maioria das empresas exige para contratar um demonstrador.

Como ninguém nasce sabendo, em alguma destas empresas você deverá iniciar na carreira. Caso tenha experiência anterior, será mais fácil para convencer seu selecionador a contratá-lo.

No entanto, apenas ter experiência anterior não é suficiente, é preciso que experiências anteriores tenham sido positivas. Quando você conseguir a sua primeira experiência, faça de tudo para que seja uma muito boa em termos de realização, porque isso dará subsídio para novos contratos.

Cuidados pessoais:

Pode parecer desnecessário falar sobre os assuntos que envolvem cuidados pessoais, mas correria do dia a dia, muita gente não atenta para certos detalhes que podem ser muito importantes para o desenvolvimento do seu trabalho.

Organização

Não basta ser organizado no trabalho e desorganizado pessoalmente, aliás, as duas coisas andam juntas. O inverso também é verdadeiro. Será pouco provável que se consiga organização no trabalho estando desorganizado em casa ou com suas coisas. Uma ação acaba afetando outra.

O que importa para nós é o resultado que envolve o trabalho. Se o lado pessoal estiver afetando, deve ser consertado. Organizar-se é muito melhor para desenvolver todo o seu trabalho. As atividades fluem quando você está em sintonia com seus compromissos.

Como falamos anteriormente, quando você achar que está perdendo o controle, uma boa prática é escrever tudo o que deve ser feito, mesmo na esfera pessoal. Você transfere da sua

Ao lado das gôndolas: o trabalho dos demonstradores de produtos no supermercado

mente para o papel e organiza melhor suas ações, e percebe que nem estava tão complicado quanto você pensava.

Organize suas coisas pessoais, carregador de celular, documentos, chave de carro etc. e também seus papeis, relatórios, notas fiscais, prestações de contas, agenda de compromissos, e por aí vai. Quanto mais compromissos pessoais você tiver, mais organizado deve ser.

Pontualidade

Quando somos observados, somo rotulados. Se nos observarem chegando atrasados a compromissos é assim que seremos lembrados.

Outro aspecto é o respeito pelos demais que estão envolvidos com aquele compromisso que você assumiu. Além do respeito, você pode perder vendas, oportunidades e, em alguns casos, até o emprego.

Penso que ninguém é obrigado a assumir compromisso algum, mas deve sim cumprir o compromisso assumido. Pense que tipo de imagem você quer mostrar para todos.

Estudos e treinamentos

Estudo sempre foi um excelente investimento pessoal. Mesmo com formação superior completa, todo profissional deve estar sempre se atualizando em todos os sentidos.

O bom dos cursos de curta duração em uma área qualquer que você conheça é que eles mostram o que você sabe e atualizam seus conhecimentos.

Cheguei a fazer o mesmo curso de um assunto por três vezes e nas três eu aprendi coisas diferentes, pois em cada curso eles me mostravam a mesma coisa com uma visão diferente e atualizada.

Redes de relacionamentos

As redes de relacionamentos podem ser boas ferramentas para você trocar informações, conhecer pessoas que possam influenciar seu trabalho, se atualizar, criar oportunidades entre outras coisas. É bom criar um círculo de amizades com os mesmos interesses que o seu. Você pode divulgar seus projetos e ideias, também pode ver os projetos dos seus amigos e compartilhar. Quem sabe não aparecem bons negócios. Cuidado com o que coloca no seu perfil nas redes sociais. Outras pessoas também irão vê-lo. Muita gente se expõe e acaba mostrando um lado "não muito agradável" para todo mundo. De qualquer forma, são *sites* importantes para criar oportunidades de negócios.

É muito perigoso colocar fotos de churrascadas de finais de semana, com roupas muito à vontade, com imagens de brincadeiras que podem comprometer ou denegrir sua imagem. Lembre-se do comportamento ético e moral.

Aparência física

Mais uma vez vamos falar da imagem. Já vi profissionais de vendas com a barba por fazer cobrando a barba de outro colega, quando que na empresa a exigência é de barba feita sempre. Não acredito que uma barba bem feita faça de uma pessoa um bom profissional, mas penso que quando entramos em uma organização aceitamos as ditas regras de comportamento. Se aceitarmos, então devemos cumprir a nossa parte do acordo.

Para mulheres, o cuidado deve ser ainda maior, porque irão trabalhar em um ambiente predominantemente masculino e devem ir além da aparência profissional. O cuidado consiste

Ao lado das gôndolas: o trabalho dos demonstradores de produtos no supermercado

em como irão se apresentar e como as outras pessoas irão vê-las. Roupas transparentes, por exemplo, devem ser evitadas. No caso dos demonstradores, geralmente são fornecidos uniformes. Completos às vezes, e outras, somente uma camiseta ou jaleco, portanto, deve-se cuidar do que está usando por baixo.

Vi profissionais que se produziam tanto para melhorar a aparência que acabavam sendo vulgares no resultado final. O profissionalismo deve falar mais alto sempre.

Algumas redes de supermercados usam um espelho nos corredores antes das entradas da loja para que o funcionário se veja e avalie se é assim que ele quer que as pessoas o vejam no seu ambiente de trabalho.

Se o que ele estiver vendo for certo, então ele entra na loja.

Podemos fazer isso também. Nos olharmos com uma visão um pouco mais crítica antes de iniciar nossas atividades, principalmente quando estivermos visitando clientes.

Lembre-se que nas lojas os clientes primeiro nos chamam pelo nome da nossa empresa, depois pelo nosso. Somos representantes imediatos da nossa organização, mesmo sendo contratados temporariamente.

CAPÍTULO II

1. FUNÇÕES DO CARGO DO DEMONSTRADOR

Os demonstradores de produtos de supermercados têm uma função bem específica, que é demonstrar seus produtos com ou sem degustação.

Para exercer estas atividades existem tantas outras relacionadas que vamos ver a seguir.

1.1. Na filial ou escritório:

a) Em primeiro lugar, é necessário participar de todo treinamento que será dado na filial, e esta participação deve ser bem ativa. Ativa no sentido de prestar muita atenção e perguntar tudo que deixar qualquer dúvida. É muito importante que o demonstrador saiba tudo que está sendo falado sobre o produto a ser demonstrado, porque na hora em que estiver com o consumidor não haverá tempo e nem como tirar dúvidas. Quando estiver no treinamento, imagine-se um consumidor que está sendo abordado e prestando muita atenção no que o profissional diz e tendo dúvidas pergunte na hora. Imagine situações em que os consumidores possam questionar e fale com seu instrutor. Não leve dúvidas para a loja.

Lembre-se de procurar saber os endereços e pontos de referência ou proximidades da loja que irá trabalhar antes, e no primeiro dia chegue bem antes do horário normal. Pode acontecer de não encontrar o endereço e precisar de um tempo extra para não se atrasar. Os nomes das pessoas responsáveis em atender você e seus cargos devem ser lembrados.

Quanto mais souber sobre o produto e a empresa, melhor será o resultado do seu trabalho e você estará mais seguro para desempenhar sua função.

b) Buscar material publicitário para distribuição, material de degustação, material de suporte como equipamentos, mesa, balcão, banqueta, forno, entre outras coisas conforme o caso.

Dependendo do tipo de trabalho e do produto que for trabalhar, o demonstrador poderá ou não levar muito material para loja. Isso pode ser desde pequenos panfletos até balcão de degustação com material e equipamentos a serem instalados e degustação a ser processada.

Cada trabalho é uma situação diferente, então vamos simular algumas delas.

Caso seja uma abordagem de um determinado produto, e neste caso não importa se é material perecível ou não, a regra é a mesma.

O demonstrador irá trabalhar com panfletos somente e mostrar o produto na área de vendas para o consumidor final. Se a quantidade for pequena e a distância da loja para o escritório for longa, é melhor levar tudo e cuidar do material.

Se o caso for de panfletagem unida à distribuição de amostras, tanto panfletos como produtos serão fornecidos pela empresa e pode acontecer de entregarem a você no escritório para que leve ao cliente, como podem levar para você na loja junto com os produtos de venda. Então o demonstrador deve acompanhar a remessa e receber estes produtos no depósito. A guarda e a utilização deles são de responsabilidade do demonstrador.

Os produtos de amostra não devem ser distribuídos entre os funcionários da loja, porque não são eles o alvo da ação.

Se a ação for com degustação, então será um trabalho que exigirá mais atenção do que os outros. A degustação requer muita higiene e a apresentação visual conta muito para aceitação dele pelo consumidor final, principalmente se for servido por um demonstrador.

Comece pela montagem do equipamento. Normalmente quando há degustação é fornecido um pequeno balcão para que se coloque em cima o material a ser degustado e os assessórios que o acompanham. Neste caso pode haver também uma instalação elétrica envolvida, então o demonstrador deverá ver, com antecedência, este ponto de luz para não haver falha na hora do trabalho.

Depois da montagem, tudo deve estar muito limpo e organizado. Não se deve deixar muita coisa em cima do balcão para não poluir visualmente.

O demonstrador deve estar completamente uniformizado, conforme a empresa determinar, cuidando para não usar nada sujo ou amarrotado, porque isso também depõe contra sua imagem e da empresa.

Outra situação é a degustação com bandejas a tira colo. São bandejas, com uma alça suspensa nos ombros, onde que são servidas as degustações. Este é um exemplo de degustação que também exige muito cuidado, pois o profissional está constantemente falando em cima dos produtos, portanto toda atenção com a higiene é pouca.

c) Buscar material de expediente como papéis, relatórios, entre outros formulários, canetas, fitas adesivas etc.

Se for necessário, o demonstrador deve ir à filial para buscar o material necessário para executar suas atividades da melhor maneira possível. Não é possível deixar de fazer um relatório por falta de papel ou caneta. A empresa deve fornecer, mas também é responsabilidade do funcionário buscar este material para trabalhar. Às vezes também será necessário material como pano para limpeza e fitas adesivas, enfim, material para dar suporte ao seu trabalho.

d) Entregar relatórios e outros materiais promocionais e encartes coletados nos clientes que estão sendo trabalhados.

É comum que as empresas peçam que os demonstradores façam relatórios com os resultados numéricos de degustação e vendas no dia ou semana. Estes relatórios são as ferramentas para avaliar o desempenho da ação praticada naquela loja ou na rede. Relatórios são de modo geral fáceis de serem feitos ou preenchidos, se não forem deixados para depois. Relatórios acumulados não refletem a realidade, porque o que não se escreve na hora não é lembrado depois.

e) Receber verbas e prestar contas de valores recebidos no período anterior.

Existem duas situações com as quais o demonstrador pode se deparar. Uma delas é ter que usar dinheiro para aquisição de algum componente da degustação, e depois prestar contas do que foi gasto, e a outra é não usar dinheiro algum (mais comum) porque a empresa fornece tudo que for necessário para desempenhar suas funções. Pode acontecer uma terceira situação que é: a empresa fornece tudo, porém, por alguma razão acaba um item que compõe a degustação. Desde que orientado, o demonstrador pode e deve providenciar o produto faltante com recursos próprios e depois pedir reembolso. Desde que o demonstrador tenha dinheiro, não vejo problema algum em mostrar iniciativa.

Sempre que um funcionário recebe alguma verba para aquisição de um produto específico ou para atender a alguma necessidade, este funcionário deverá ser muito rigoroso no gasto com esta verba. Quando terminar seu trabalho ou prazo conforme foi orientado, ele deve prestar contas do que foi gasto, com notas fiscais, recibos ou *tickets* de caixa conforme o caso.

f) Participar de reuniões periódicas, ou reunir com superiores para tirar dúvidas e passar informações urgentes.

Estas são sem dúvida atividades de suma importância para o bom andamento dos trabalhos de um demonstrador. Nas reuniões é que são passadas novas informações sobre o que está acontecendo, sobre o que a empresa espera dos trabalhos realizados, também é a grande oportunidade para sanar suas dúvidas, levar suas ideias, mostrar seus pontos de vista, e, resumindo, você poderá se mostrar para seus superiores e colegas.

Trabalhos externos como o de demonstração, nos quais o funcionário fica restrito a uma loja e longe dos seus colegas de empresa, dificultam o relacionamento mais próximo por força da distância e não deixam que os demonstradores mostrem quem são na execução dos seus trabalhos. Claro, porque sua função é justamente trabalhar com público e não com colegas, então, a oportunidade de uma reunião não deve ser perdida. Nela você irá conhecer a empresa, seus colegas do escritório, outros demonstradores, como também irá se mostrar a todos. Essas reuniões devem ser bem aproveitadas evitando atrasos e aproveitando as oportunidades para participar. É importante também a pontualidade na entrega de relatórios, e na coleta de informações. Tudo isso é válido para o seu crescimento e desenvolvimento na empresa. Se for um profissional contratado temporariamente, também é uma oportunidade para ser contratado para o quadro de funcionários da empresa, ou até uma promoção.

As reuniões podem parecer chatas, e às vezes são, mas são oportunidades que não devem ser desperdiçadas.

1.2. Na rua ou nos clientes:

a) Levar todo equipamento e materiais recebidos nos clientes para montagem, guarda e utilização.

Esta atividade irá depender da forma que o demonstrador foi contratado. Se na proposta de contratação for para, inclusive carregar o material para loja, ele ou ela deve providenciar o que foi combinado. Caso contrário, a empresa terá uma pessoa responsável para fazer este transporte e dar manutenção ao seu trabalho.

Acontece que, em alguns casos, o responsável por este transporte é apenas uma pessoa para atender a vários outros demonstradores, o que poderá acarretar algum atraso na entrega deste material. Vejo como inteligente o profissional que puder ajudar no atendimento de seu próprio trabalho. Isso será visto pela empresa como pró-atividade.

b) Montar os equipamentos, se for o caso, antes do horário de início dos trabalhos para não deixar desguarnecido o posto de trabalho.

Cada trabalho ou ação exigirá um determinado tipo de equipamento específico para sua execução, então, cada trabalho terá uma história diferente. Trabalhar com balcão, com bandeja, somente com panfleto, com algum equipamento, ou somente demonstrando algum produto mesmo não perecível, fará com que seu trabalho seja desta ou daquela maneira. Seja como for, providencie tudo para que seu trabalho comece no horário combinado com a loja, independente de ter um montador ou não. A empresa é responsável por dar apoio ao seu trabalho, mas você é responsável pela execução.

Quando estiver no cliente (loja) o trabalho de demonstração deverá iniciar exatamente no horário estipulado, e o cliente não estará interessado em saber se o fornecedor (você) está com problemas ou não. Ele quer que o trabalho comece e aconteça.

Existe um ditado popular que diz: "quem quer, arranja um jeito, quem não quer, arranja uma desculpa". Na loja, quem estiver vendo o demonstrador parado, não irá querer saber se ele tem ou não material, equipamento, apoio ou condições de trabalho. As pessoas não têm tempo verificar isso.

c) Apresentar-se ao encarregado da loja ou setor, conforme tenha sido orientado, devidamente uniformizado e com todo material e equipamento prontos para o trabalho.

Por diversas vezes aconteceu quando eu era encarregado de equipe de demonstração e promoção, o cliente ligar para mim ou para a empresa que eu trabalhava reclamando porque não havia demonstrador ou promotor na loja conforme o combinado, sendo que o funcionário estava lá. Apenas não havia se apresentado aos encarregados, portanto, eles não os tinham visto.

Ao lado das gôndolas: o trabalho dos demonstradores de produtos no supermercado

Então, por segurança e seguindo este exemplo, o demonstrador deve, necessariamente, se apresentar aos encarregados da loja sempre que chegar, e despedir-se sempre que for embora. Não custa nada e toma pouco tempo realizar essa atividade. Em muitas lojas, costuma-se ter um registro de entrada e saída de pessoal fornecedor. Também deve ser preenchido a cada entrada e a cada saída.

Também aconteceu comigo, dias depois de um determinado trabalho, do pessoal da loja reclamar da falta de um promotor. Com a própria folha de assinaturas da loja pude provar que o promotor realmente esteve na loja naquele dia em que eles estavam reclamando.

d) Cuidar de todo material de demonstração ou degustação que lhe forem entregues até a devolução dos restantes no escritório no fim do contrato.

Todo material entregue para o demonstrador, inclusive o uniforme, será de responsabilidade do profissional, e dele será cobrado no termino do trabalho, ou antes disto caso a empresa resolva verificar.

Nas lojas, existem bons profissionais e muito sérios, porém entra e sai muita gente que não se pode garantir, então, todos devem cuidar do seu material o tempo todo. Não se descuide, porque até consumidores podem se apropriar de coisas suas. O cliente loja, não irá se responsabilizar por seus equipamentos e objetos pessoais. Você será o único responsável.

Caso tenha que deixar na loja equipamentos e materiais que possam ser subtraídos por alguém, peça ao pessoal da loja para conseguir um lugar seguro para guardá-los, e se não houver, você deverá levá-lo consigo ou pedir para seu apoio da empresa que o faça. Não confie.

e) Executar a **demonstração** da seguinte maneira:

- A demonstração, assim como a degustação, deve ser precedida de uma abordagem.

Abordagem: esta abordagem acontece com o cumprimento à pessoa abordada. Bom-dia, boa-tarde e boa-noite devem ser ditos e, de preferência, com um leve sorriso no rosto, sem exageros. Se for demonstrador, e ele tiver que abordar um casal, este deverá dirigir-se preferencialmente ao homem e dar atenção quase que exclusiva a ele. Para evitar constrangimentos e questionamentos com relação à abordagem, a mulher do casal deve receber sua atenção se o homem demonstrar desinteresse e transferir a conversa para ela.

O inverso também é verdadeiro. Se for demonstradora, ela deve dirigir-se à mulher do casal, e ao homem se a mulher não se interessar e transferir a conversa para o homem.

É muito perigoso para uma demonstradora abordar um homem, no caso de ser um casal atendido, por gerar ciúmes à mulher. Vi casos de mulheres fazerem escândalo por causa de abordagem deste tipo. Cuidado deve ter o homem que aborda uma mulher só, não se descuidando dos olhares. O profissionalismo sempre deve falar mais alto. Se um demonstrador, e isso vale para qualquer profissão, for abordar uma mulher e ficar olhando para ela com insinuações ou de forma a deixá-la constrangida, estará faltando com respeito, com o comportamento moral, ético e legal. Todo trabalho será comprometido caso isso ocorra, e sua imagem estará marcada como um profissional com comportamento inadequado.

Ao terminar a abordagem, os profissionais devem despedir-se agradecendo e desejando-lhes um bom-dia, boa-noite ou o que seja.

Postura: na postura podemos falar de postura física, postura profissional e pessoal.

Como falamos anteriormente, a postura de um profissional conta muito para o resultado positivo de seu trabalho. Começamos pela postura física, e neste caso não estamos falando de roupa e sim de maneiras de se portar fisicamente no trabalho. De nada adianta se arrumar direito, com roupas limpas e material de trabalho bem organizados se o profissional estiver com uma postura de pessoa desleixada. Costumo ver nos mercados profissionais desta forma, dependurados nas gôndolas como se tivessem acabado de chegar de uma balada. Gôndola não é cabide de gente! O profissional deve ficar ereto de maneira a mostrar para o consumidor que está contente, descansado e, ainda, empolgado em fazer o que está fazendo.

Se ver um homem "desmaiando" sobre uma prateleira é desagradável, imagine uma mulher. É horrível sob o ponto de vista profissional.

Outra coisa importante é a rodinha de bate papo. É muito comum ver vários demonstradores e promotores juntos conversando nos corredores. Eu, como cliente, vejo como falta de interesse do profissional, tanto com o trabalho, como com o cliente que está passando.

Sempre vejo funcionários conversando e muitas vezes sequer param de falar quando um consumidor passa. Quer dizer que o cliente passando e o nada são a mesma coisa. O pessoal do supermercado não permite este tipo de situação, e se for pego num "papinho" será chamado a sua atenção e até proibido de permanecer na loja.

Não é permitido também comer na área de vendas, nem produtos de degustação nem adquiridos na loja ou trazidos de casa. Vender produtos pessoais... nem pensar!

Apresentação do produto: cada produto possui uma história. Não é possível falar sobre um produto sem conhecê-lo bem. No treinamento que se recebe na empresa, é imprescindível que se preste muita atenção e que todas as dúvidas sobre o seu produto e os produtos similares dos concorrentes sejam sanadas, porque não haverá chance para fazer isso depois.

Na apresentação, você será orientado a falar mais sobre os pontos mais importantes do produto a ser trabalhado, com suas características, suas vantagens e quais os benefícios esperados. É o CVB do produto. Grande parte das empresas produtoras tem este descritivo da sua linha.

Não se pode improvisar na hora da abordagem com o cliente. Deve-se falar o necessário, o que foi orientado. Mais do que isso pode passar uma imagem negativa do produto, porque não estará dentro do que foi planejado para aquele nicho de mercado.

Muitas vezes, até sem querer falamos com palavras e opiniões próprias, mas isso deve ser policiado para não acontecer com frequência. Quando se apresenta um produto, deve-se deixá-lo com o rótulo voltado para o consumidor, e, quando falar, mostrá-lo com entusiasmo. Não precisa ser nada forçado, mas também não pode ser com desanimação.

A fala propriamente dita será determinada pela empresa, mas se derem liberdade para fazer à sua maneira, você pode começar cumprimentando e olhando nos olhos da pessoa. Então mostre o produto (se for possível) e poderá dizer "deixe-me apresentar rapidamente o produto (dar o nome dele) ao senhor ou à senhora".

Nunca use frases negativas como "o senhor **não** gostaria de conhecer o xxx?" ou "a senhora **não** tem interesse em comprar?" Fazer perguntas que sugiram ou que possam dar uma resposta **negativa** não é uma boa prática em vendas. Se sair um **não** da boca do consumidor, será difícil conseguir um sim depois.

A partir do momento em que o consumidor der alguma atenção, o demonstrador deve aproveitar esta oportunidade para fazer a leitura do cliente e tentar saber qual a situação emocional em que ele se encontra e administrar esta abordagem da melhor maneira possível.

Exemplo: Se perceber que o consumidor quer saber sobre o produto, mas não está com muito tempo, o demonstrador deve resumir a abordagem e falar somente o necessário para que naquele pequeno espaço de tempo o convença a experimentar o seu produto. Lembre-se de despedir-se com um agradecimento em nome da empresa da maneira como for orientado.

Mais à frente falaremos de alguns tipos de consumidores.

Entrega da amostra: se no caso da sua demonstração, houver distribuição de amostras, tome cuidado com a apresentação destas, porque isso pode também "queimar" a imagem da empresa caso não tenham uma aparência muito adequada. Parece estranho abordar este assunto, mas já recebi brindes que acabei jogando fora de tão mal apresentados que estavam. Por ser brinde todos querem, independente de usarem ou darem a alguém, mas não é por isso que o demonstrador ou a própria empresa devem tratá-lo com desprezo.

Um brinde é um representante visual, tátil, gustativo, prazeroso da empresa, e como tal deverá ser apresentado. Não se deve deixá-los em sacos de lixo encostados em um canto para ir retirando enquanto se faz a abordagem. Isso depõe também contra.

Geralmente quando se entrega amostras, se faz durante a abordagem ao cliente e este reduzido tempo deve ser aproveitado para dizer tudo que for importante e que estimule o consumidor a usá-lo e não a doá-lo a outra pessoa, e se possível até a voltar e comprar mais.

Eu mesmo sou consumidor de um produto há mais de 25 anos, que me foi apresentado em uma abordagem com amostra grátis. O trabalho na época foi tão bem feito, que me conquistou.

Os outros colegas que trabalham no supermercado também estarão querendo umas amostrinhas para eles, mas normalmente não se permite esta distribuição se eles não fizerem parte do público-alvo da empresa.

Finalização: a finalização da abordagem é justamente a despedida do consumidor. Deve-se fazer isso com atenção e carinho, mesmo que o cliente não tenha gostado do produto ou da apresentação.

É muitíssimo comum ver numa abordagem, e isso vale para todo tipo delas, em que o demonstrador, ao perceber que o cliente não foi tão receptivo, toma aquilo como algo pessoal e encerra grosseiramente o seu trabalho, se voltando para outro consumidor.

Se imaginarmos, por exemplo, que teremos que atender 50 consumidores por dia para recebermos R$ 50,00, então cada consumidor, que goste ou não do produto, comprando ou não, estará nos pagando R$ 1,00. Logo, seu trabalho deve ser igual para todos, porque estará recebendo por cada um dos abordados.

A cortesia marcará a sua finalização. É assim que o consumidor deverá lembrar-se de você. Será assim que ele se lembrará, também, da empresa e do produto.

f) Executar a **degustação** da seguinte maneira:

- A degustação é um trabalho diferenciado em vários aspectos da abordagem simples, só são semelhantes nos objetivos dos resultados. No balcão, o demonstrador fica restrito a uma área definida na loja, na área de vendas do produto que está sendo degustado. Nas demais situações há muitas diferenças que requerem cuidados e devem ser observadas.

  Abordagem: a abordagem com degustação deve ser simultânea à entrega do produto. No momento em que se aborda o consumidor, deve-se fazer a abordagem assim como na entrega de amostras, porém com a diferença de que numa degustação procura-se perceber a aceitação do cliente em relação ao produto oferecido. Pela expressão do rosto, pelo som que emitir, pelo balançar da cabeça, levantar da sobran-

Ao lado das gôndolas: o trabalho dos demonstradores de produtos no supermercado | **45**

celha, entre outros detalhes, poderemos e devemos tentar captar a aceitação ou não daquele cliente.

Esta "pesquisa" será muito útil para futuras ações, para conhecer a real receptividade do produto, para conhecer o resultado do desempenho do trabalho do demonstrador, a perspectiva de vendas e assim por diante. O importante é registrar tudo para depois transformar em relatório para seu chefe imediato.

Na abordagem propriamente dita, o demonstrador deverá ter muito cuidado com a apresentação do produto, com a forma que ele está entregando a degustação, com a limpeza e a higiene dos talheres e os equipamentos utilizados, entre outras coisas.

Deve haver, também, cuidado para não falar em cima do material de degustação, assim como nos restaurantes de autosserviço que pedem para não falar em cima dos alimentos, e não causar uma má impressão sobre o seu trabalho.

Quando iniciar a abordagem, o demonstrador deverá usar o mesmo critério de abordagem simples, com cortesia e respeito.

Talvez pareça mais fácil a abordagem com degustação, mas o produto sendo servido e provado na mesma hora é mais um item a ser reparado e criticado pelo consumidor, o que deixará o demonstrador mais vulnerável na relação de negócio.

Quando se entrega uma degustação a um consumidor, ele, naquele momento, estará prestando atenção na aparência, na textura, na apresentação, no sabor, comparando com os produtos que ele já conhece e tentando fazer a comparação entre o conhecido e o oferecido. Neste momento, você deverá estar falando e mostrando os detalhes do seu produto e tentando atrair a atenção deste consumidor sem que ele se desinteresse pela degustação.

A partir disso, ele começará a pensar no preço daquele produto, o que é inevitável para maioria das pessoas a comparação tipo custo x benefício, ou seja, se o preço e a qualidade do produto compensam a compra.

Postura: não é muito diferente da postura de um profissional em uma abordagem. O demonstrador deverá se portar de maneira adequada para seu papel. Nada de ficar debruçado no balcão ou dependurado nas prateleiras, batendo papo com colegas, comendo ele próprio a degustação.

No caso de uma degustação, tudo conta positiva ou negativamente para o trabalho. Uma lixeirinha suja, ou simplesmente abarrotada, a roupa do demonstrador suja com degustação, os talheres utilizados, entre outras coisas. Tudo deve estar impecavelmente perfeito.

O cliente consumidor repara até num fio elétrico da máquina solto ou mal arrumado no corredor. Recomendo que antes de começar o trabalho, vá para frente do seu balcão de degustação e olhe de fora para dentro como se fosse um consumidor. Se não gostar do que vê, refaça.

Quando trabalho de degustação for feito em bandeja, o cuidado dever ser igual ao de um trabalho em um balcão. Com bandeja se tem mais mobilidade para abordar os consumidores na loja. Geralmente, o demonstrador de localiza na área bem próxima ao produto trabalhado ou até mesmo fixo em um ponto sem sair muito do lugar.

É bom lembrar que se degustar produto com bandeja e longe do produto degustado ficará difícil para incentivar o cliente a comprar. O ideal é estar ao lado e indicar ao consumidor o local exato do produto.

Apresentação do produto: este é um assunto mais sério que o da demonstração simples, porque o produto vai, de alguma forma, estar transformado ou modificado da sua forma da embalagem. Quando se modifica um item, este deve estar impecável na aparência, porque é o que irá atrair o desejo do consumidor em conhecer e adquirir.

A apresentação de uma degustação está ligada à aparência do degustador, do equipamento, do uniforme, do produto, da embalagem, do material de apoio, do produto exposto na prateleira, da arrumação, da maneira que o demonstrador serve a degustação, e tudo mais.

Ao preparar um produto para degustar, um pão, por exemplo, que você tenha que cortar, é necessário que se corte os pedaços mais iguais possível, desprezando os pedaços quebrados. Não é nada estimulante degustar uma amostra de produto que esteja com uma aparência de resto. Ressalta-se que cada produto possui uma história.

Entregado da amostra: da mesma forma que se entrega uma faca **pelo cabo** a alguém num almoço, a degustação também deve ser entregue desta forma: delicadamente para que a pessoa possa pegar sem dificuldade, não deixando possibilidade de derrubar no chão ou na roupa.

Como trabalhei com demonstradores, pude presenciar uma situação que, na pressa de entregar por causa do número de pessoas que esperavam pela degustação, a demonstradora se atrapalhou e derrubou o produto no consumidor, o qual ficou muito nervoso pelo ocorrido.

A degustação não estava quente e nem danificou a roupa do consumidor, mas o cliente e a demonstradora ficaram numa situação constrangedora, o que gerou um clima ficou ruim por algum tempo.

O certo é tomar cuidado e não correr, o ideal é ser rápido sem ser desastrado. Atender um cliente de cada vez e cada um como se ele fosse único na loja. Ressalta-se que o produto deve ser o item mais importante da abordagem, e que não deve-se chamar a atenção para si mesmo.

Finalização: na finalização da degustação com o consumidor, o demonstrador deve observar se ficou alguma dúvida em relação ao produto ou à preparação, se for o caso. Se percebida alguma coisa, tentar descobrir para saná-las.

Agradecer ao consumidor pela oportunidade de estar mostrando seu produto e, com um sorriso no rosto, o bom-dia, o obrigado e o volte sempre não devem ser esquecidos.

Terminada a degustação, limpar tudo que estiver sujo e guardar o material para o dia seguinte.

g) Anotações de informações para reunião: Conforme forem acontecendo as abordagens, as degustações ou as entregas de amostras, o demonstrador terá a oportunidade de observar a reação das pessoas abordadas. Elas falam sempre alguma coisa. O bom seria se a cada abordagem feita fosse possível fazer a devida anotação do que aconteceu, mas como isso não é viável, então, sempre que der uma folga entre uma abordagem e outra, faça as anotações antes de esquecer. Depois passe a limpo para ficar ainda mais claro o que está escrevendo, já que as anotações serão transformadas em um relatório final. Quando alguém fizer uma observação diferente do convencional, anote exatamente o que a pessoa falar. Lembrando que você deve sempre fazer como a empresa orientar; se eles derem um formulário a ser preenchido, é assim que deve ser feito.

Guarde com cuidado e por algum tempo o seu material, mesmo depois de feito o relatório definitivo, porque podem surgir dúvidas por parte da empresa, então você terá o seu material, que servirá como fonte de consulta.

h) Encerramento dos trabalhos no dia: no fim do dia, ao encerrar o trabalho, o demonstrador deverá ter o cuidado de deixar tudo muito bem organizado e limpo.

Pouco antes de encerrar o seu horário, já pode ir arrumando as coisas para não deixar tudo para o final. Cuidado para não começar a limpar com o consumidor olhando ou sendo atendido, porque pode causar uma impressão de descaso com ele. O cliente consumidor não pode sentir que você está com pressa de ir embora, porque se isso acontecer, ele não irá fazer perguntas para sanar suas dúvidas e sair sem entender direito o produto. Muitos clientes acham que estão incomodando e acabam apressando o encerramento, prejudicando o resultado do seu trabalho.

Vale lembrar que quando trabalhamos na loja de um cliente nosso, estamos trabalhando na casa dele, e nesta condição não devemos deixar nada desarrumado, nem sujo. Tudo deve ficar perfeitamente em ordem, mesmo que a própria loja não esteja. Você deve fazer sua parte independente dos outros. Nunca deixe motivo para reclamarem de você.

i) Despedir-se do pessoal da loja: o que deveria ser habitual não é. Muitas pessoas esquecem-se dos bons costumes e da educação e simplesmente não se despedem do pessoal da casa.

Se não quiser observar a questão educação, deve-se lembrar de que quando se faz a despedida do pessoal, perguntando como foi seu trabalho, se está fazendo com que eles pensem atentamente sobre o resultado do trabalho e respondam prontamente. Quando fazem isso, eles gravam na própria mente que o seu trabalho foi bom (caso tenha sido mesmo), e se, em um outro momento, você perguntar a eles como foi, eles dirão automaticamente que foi bom. Ele se lembrará de que já falou com alguém, no caso você mesmo, sobre o resultado daquela ação.

Quando não falamos com o pessoal da loja, tornamos a sua memória mais difícil e, portanto, eles poderão dar boa ou má informação, mas sem a consistência e certeza que poderia ter.

Você deve garantir o seu lado, mantendo a boa educação e o profissionalismo.

j) Fora da loja: não dá para pensar que os trabalhos acabaram no momento em que você saiu da loja. Ainda existem os relatórios para fazer, o material para guardar, o uniforme para limpar, isso para não falar nas reuniões em que for convocado.

Os relatórios devem ser feitos o mais rápido possível, por causa da memória, que não é infalível. No momento ou horas depois fica mais fácil lembrar dos fatos ocorridos, das opiniões das pessoas, da imagem dos consumidores, de incidentes que porventura aconteçam, enfim, de tudo que tenha acontecido naquele dia.

No dia seguinte, muitas das informações já se perderam, então o mais indicado é fazer os relatórios na hora.

O material a ser guardado deve ter todo o seu cuidado, porque você é o responsável por ele, e um dia, quando cobrá-lo, você irá prestar conta.

Seu uniforme, se houver, será entregue limpo e normalmente para usar durante dois dias, porque num dia você usa, e no outro limpa. Todo dia deve ter uniforme limpo para uso. Nunca use uniforme sujo, porque isso depõe contra a sua imagem e contra a imagem da empresa.

Se for convocado para alguma reunião, cuidado com o horário para não faltar e nem se atrasar. Participar das reuniões faz parte das funções de demonstração, portanto, aja com responsabilidade.

2. COMO DESEMPENHAR BEM SEU TRABALHO

Para qualquer profissional, existem alguns aspectos que podem e irão ajudá-lo no desempenho de seu trabalho.

São coisas que todos nós devemos saber, porém como normalmente não nos é cobrado, vamos aprendendo com o tempo e no decorrer de nossas atividades, mas se anteciparmos um pouco esse conhecimento, os resultados aparecerão com mais rapidez. Vamos a eles:

Primeiro – o profissional deve conhecer a empresa. Neste aspecto o conhecer a empresa quer dizer tudo sobre ela, e não somente sobre seus departamentos. A história da sua organização pode ajudar em uma abordagem em que o demonstrador pode contar alguma curiosidade para o consumidor, estimulando-o com uma informação a mais. Também, e mais importante ainda, estas informações darão subsídios para melhor trabalhar seus produtos. Poderá ter prospecção de seu futuro na organização, dimensionar a empresa em relação aos concorrentes e ao mercado.

Outro aspecto importante desse conhecimento é como a a empresa funciona, sua estrutura, seus departamentos, o fluxo por onde passam seus produtos e as pessoas que deverá ter contato mais constante para fazer as coisas andarem.

Informações preciosas sobre a empresa você pega normalmente com o pessoal mais antigo, que além de ter o conhecimento formal, tem também o conhecimento histórico de como a empresa chegou até aquele ponto.

Com essas pessoas mais antigas e solícitas, procure descobrir as seguintes informações, caso não tenham sido dadas a você no treinamento:

- Data de fundação da empresa;
- Número de funcionários do quadro;
- Número de filiais no Brasil e no exterior;
- Linha de produtos;
- Imagem no mercado;

Ao lado das gôndolas: o trabalho dos demonstradores de produtos no supermercado | 53

- Principais clientes;
- Metas para o futuro;
- Perspectivas de ascensão no cargo;
- Benefícios oferecidos;
- Quais são as suas obrigações;
- Quais são as suas responsabilidades;
- Nome do presidente da empresa, dos diretores, dos supervisores e chefes diretos, e das pessoas com quem você irá se relacionar;
- O que a empresa espera de você.

Essas são informações básicas, mas não são todas. Nós podemos coletar muito mais informações perguntando a outros colegas ou estudando em jornais internos ou revistas antigas.

Claro, não se consegue todas as informações da noite para o dia, mas busque-as, porque se isso não fosse importante, a empresa também não coletaria todas as informações a seu respeito, não acha?

Segundo – além do item que você irá trabalhar, deve destinar algum tempo para estudar tudo sobre seus produtos, aqueles que a empresa fornece, principalmente aqueles que são da mesma linha. A empresa poderá ter tantos produtos que poderá não haver tempo para estudar todos, então direcione o seu estudo para os mais importantes. O que deve ser visto, por exemplo: características do produto; vida útil; sabor; cor; odor; embalagem; aplicações; receitas; cuidados especiais; temperatura; tipo; tamanho; peso; preço; equivalentes na concorrência etc.

Se for importante conhecer a empresa, é fundamental conhecer os produtos com os quais irá trabalhar.

É um trabalho muito agradável servir algum produto como degustação ou amostra a um consumidor final. Só que isso realmente deve ser feito com o intuito de vender mais. Este é o propósito do seu trabalho.

Para vender mais é necessário que as pessoas conheçam melhor o seu produto, e para isso o demonstrador deverá conhecer o máximo dele.

Mesmo que tenha recebido um bom treinamento, e quando estiver na área de vendas de uma loja já trabalhando, pegue uma embalagem do produto trabalhado e veja os seguintes pontos:

- Material da embalagem: plástico, papelão, madeira etc.;
- Local de conservação: ambiente, geladeira, ilhas de congelados, temperatura adequada;
- Ingredientes do produto, especificados nas embalagens;
- Prazo de validade: também deve estar na embalagem, embora alguns produtos só tenham a data de vencimento, mas você deve procurar saber qual é o tempo de vida útil do seu produto;

Se tiver alguma dúvida por conta desse estudo, anote para perguntar depois, e se a informação for muito relevante, não deixe para depois, ligue para seu superior e pergunte.

Mesmo em um bom treinamento, é muito difícil que as empresas falem sobre seus concorrentes, pelo menos não é comum. Então faça o mesmo que fez com o seu produto: pegue uma embalagem de um concorrente e o estude para poder conhecer as diferenças e semelhanças e não ser surpreendido pelo consumidor. O que deve ser visto na área de vendas:

- Similares no mercado: quase a totalidade dos produtos no mercado tem similares. Veja na área de venda qual dos produtos concorrentes têm características iguais às do seu e procure estudá-los. Como você deverá trabalhar com um produto de cada vez, fica mais fácil estudar um produto de cada concorrente;
- Qual a posição do produto no mercado: saber se o seu produto é o primeiro em vendas, ou o segundo, ou mesmo se está entre os primeiros pode ser muito importante para argumento de trabalho, tanto para vendas com o consumidor final, quanto para espaço e localização nas prateleiras da loja;
- Giro ou aceitação do produto na região: seu produto pode não estar entre os primeiros em venda, mas, na região onde você atua, ele pode ser um dos mais procurados;
- Quando um produto estiver em uma posição privilegiada em relação às vendas de seus concorrentes, o demonstrador poderá reivindicar um melhor lugar para exposição. Embora não seja sua função, e sim de um promotor ou

vendedor, o demonstrador pode mostrar proatividade, buscando melhores condições de exposição. Cuidado para fazer isso com conhecimento técnico, porque se fizer de qualquer jeito poderá prejudicar ao invés de ajudar nas vendas. Na dúvida, consulte seus superiores;

- Há quanto tempo ele existe: um produto mais antigo no mercado, desde que não esteja em decadência, pode ser usado com mais tranquilidade em uma promoção mais arrojada. Já um produto recém-lançado deverá ser usado com mais cautela, caso ele não tenha um bom apoio de mídia e *merchandising*. O trabalho do demonstrador é conhecer essa situação para saber o que fazer diante do consumidor;

- Qual a importância do produto no *mix* de produtos da empresa: esse é um aspecto interessante, porque é mais uma informação que deverá ter e que irá ajudá-lo na abordagem com o cliente;

- Qual o preço do seu produto trabalhado e dos similares concorrentes no mercado: acompanhar o preço dos produtos concorrentes deve ser uma constante para o demonstrador. Pode ser que algum concorrente, vendo a ação de demonstração acontecendo, queira atrapalhar as vendas, podendo ele também abaixar os preços para competir com a sua ação. Acontecendo isso, você deverá repassar essa informação para seus superiores em tempo hábil para, se for necessário, tomar providências e continuar com preço competitivo.

Terceiro – como dissemos no item 1 deste capítulo II, intitulado "Funções do cargo do demonstrador", na questão apresentação do produto, as empresas têm um documento chamado de CVB, que são as iniciais de **Características**, **Vantagens** e **Benefícios** dos produtos.

Nas características são descritas as informações básicas do produto, sua composição, embalagem, vida útil e conservação; nas vantagens coloca-se aquilo que destaca o produto em relação aos mais comuns; e nos benefícios estão todas as informações que, de uma forma ou de outra, beneficiem o consumidor em relação ao uso do produto, como sabor, saúde, rapidez, segurança, satisfação etc.

Exemplos:

- **Característica** de um macarrão: Massa com ovos, farinha de trigo especial, óleo vegetal hidrogenado e sal. Embalagem em plástico rígido com solda a quente. Validade: 6 meses da data de fabricação. Conservar em lugar seco e fresco;
- **Vantagens**: Massa vitaminada, com farinha de trigo importada e com ovos especiais;
- **Benefícios**: Fácil preparo e cozimento em três minutos, sempre fica *"al dente"*, muito saborosa e saudável, segurança da melhor marca do mercado, todos gostam.

Os CVBs são ótimas fontes de coleta de informações. Se puder, solicite ao seu supervisor informações do produto que você estiver demonstrando para conhecê-lo melhor.

Outra coisa importante para o demonstrador é conhecer as pessoas com quem irá trabalhar dentro da empresa. É importante que você conheça um pouco das características de cada um, e nisso você terá que ser rápido.

É muito mais fácil e proveitoso trabalhar quando se conhece as pessoas. Saber o que, como e por que elas querem as coisas é o caminho mais rápido para o objetivo.

Não se esqueça dos clientes. Da mesma forma que irá conhecer seus colegas diretos de trabalho, conheça também os clientes ou as pessoas que trabalham para eles.

Quarto - a empresa para a qual trabalha irá estabelecer suas metas de atendimento (demonstração) e, conforme o caso, as metas de vendas durante o período da ação. Faça você mesmo suas metas. Procure fazer o seu melhor e dar mais do que foi pedido. Mostre sua capacidade ao longo da campanha.

Quinto - priorize suas atividades. Organize um roteiro e aplique o mais fiel possível o que foi estabelecido. Se não conseguir decidir sozinho, procure seu supervisor ou seu superior imediato e peça que o ajude.

Existem atividades que não podem sofrer atrasos, senão comprometeriam uma sequência de outras. Com um pouco de experiência, você saberá fazer isso naturalmente. As atividades de um demonstrador são sequenciais, mas podem sofrer alterações, desde que não comprometam o resultado final do trabalho.

Sexto - organize-se pessoal e profissionalmente. De nada adianta você fazer tudo o que foi dito anteriormente, se você chegar atrasado, sem uniforme ou sem equipamento de trabalho.

Antes de sair de sua casa para ir ao trabalho, verifique se tudo está em ordem. Se o número de coisas a serem verificadas for grande, faça uma lista (*check-list*) e a acompanhe até que você não precise mais dela. Prepare-se com antecedência. Não deixe nada para a última hora!

3. ÂMBITO DE RELACIONAMENTO

Engana-se quem pensa que o demonstrador se relacionará apenas com o consumidor final na loja. Existem inúmeras pessoas com as quais ele terá contato, do começo ao fim do seu trabalho.

Se o demonstrador for contratado via agência de recursos humanos, ele começará o seu contato por lá mesmo, desde a recepcionista, passando pelo recrutador, pelo selecionador, ou até mesmo pelo gerente ou diretor da agência. Depois que ele for encaminhado para a empresa que prestará serviço, os contatos serão os mesmos de como se fosse contratado diretamente por ela.

O demonstrador tem um chefe ou um coordenador de seu trabalho. Este pode ser um supervisor, um chefe de vendas, um coordenador, ou até mesmo um vendedor, nos mesmos moldes que um promotor de vendas.

Independente do nome do cargo do seu chefe, o que importa é que vocês trabalham juntos, para a mesma empresa e com o mesmo objetivo.

Esses são seus chefes internos e diretos, mas você tem também seus chefes externos e indiretos, que são os clientes, representados na figura de gerentes da loja, responsáveis pelo setor que irá trabalhar e, por fim, o consumidor final.

Também não importa o título do cargo, e sim que a figura do cliente sempre será de nosso rei, e ele sempre exige muito de seus comandados. Vai querer tudo bem arrumado, limpo, organizado e, sem nenhuma dúvida, que o seu trabalho lhe traga satisfação ao consumidor e que também traga lucro para loja.

Outros com quem você irá se relacionar são os promotores de vendas da sua e de outras empresas. Cuidado para não se indispor com a concorrência, porque você só terá problemas. Ao contrário disso, você pode manter um relacionamento cordial, sem entregar o jogo, e sem entrar em guerra com ninguém.

Os entregadores da empresa para a qual você trabalha são outros profissionais do seu relacionamento que irão levar os produtos para você poder trabalhar, assim como os recebedores do seu cliente, que podem dificultar ou facilitar o recebimento dos produtos, dependendo de como forem tratados por você.

Os funcionários que darão suporte a você na loja são o repositor e o chefe do depósito (que irá liberar os produtos para degustação).

Os promotores da empresa serão seus maiores aliados, porque manterão os produtos, aqueles que você estará demostrando, sempre bem abastecidos e arrumados. Eles deverão fazer o trabalho mais pesado e deixarão a área de vendas bem apresentável para você trabalhar melhor.

Quando o promotor, por qualquer razão que seja, não puder estar na loja ou não puder abastecer os produtos, procure dar uma mãozinha e ajudar no abastecimento por pouco que seja. Área de vendas vazia não vende! Se você quiser ter um bom resultado, dê a sua contribuição. Assim os promotores estarão mais satisfeitos com você e o ajudarão no que puderem para retribuir o que fez a eles.

O profissional de demonstração terá como o maior e mais importante contato o CONSUMIDOR. Este será o seu alvo, seu objetivo, sua razão e sua motivação.

Vamos fazer uma conta bem simples: se você tiver que atender a 30 consumidores por dia, trabalhando seis dias por semana durante quatro semanas, isso dará 720 consumidores por mês. Se você ganha R$ 1.200,00 por mês, por exemplo, receberá cerca de R$ 1,66 por cliente atendido. Pode parecer pouco, mas no fim do mês é o que receberá somados todos os consumidores.

Ao lado das gôndolas: o trabalho dos demonstradores de produtos no supermercado

Então qual é o raciocínio? A ideia é atender muito bem **todos os clientes,** independentemente do que eles acharem do produto, porque cada um deles estará (teoricamente) contribuindo com R$ 1,66 no seu salário. Então porque não executar o seu trabalho da melhor maneira possível?

4. COMUNICAÇÃO INTERNA E EXTERNA

A comunicação pode ser verbal, escrita ou visual.

Para que ocorra uma comunicação tem que haver três agentes para nós importantes: um é o transmissor, aquele que passa; outro é o receptor, que recebe a mensagem; e o terceiro é a própria mensagem. É importante que estes falem a mesma língua (mesmos termos).

Mesmo havendo os três agentes, não significa que haja uma comunicação.

4.1. Comunicação verbal

Se a rádio Alegria estiver com seus transmissores ligados e você estiver sintonizado em outra estação, não receberá nenhuma mensagem da Alegria ou, se você gosta de rock e estiver passando gospel, a comunicação será um desastre.

Observe, ao tentar se comunicar, se o receptor está atento para receber sua mensagem, se está "sintonizado" em você. Você tem que ser suficientemente claro para que o outro agente receba sua mensagem.

Também observe se o receptor está fazendo algo que não o deixe prestar atenção em você, senão de nada adiantará o seu esforço.

Pode acontecer que o receptor esteja atento, que você esteja transmitindo corretamente a sua mensagem e que, ainda assim, não ocorra uma comunicação adequada. Pode ser que sua mensagem não esteja sendo suficientemente clara, esteja desfocada de objetivo ou qualquer que seja a falha.

Em uma comunicação interna (na empresa em que trabalha), o rigor ou cerimônia não é tão grande e você pode "relaxar" mais.

Já em uma comunicação externa (com seus clientes, fornecedores ou estranhos), os critérios são mais rigorosos, tanto para falar quanto para escrever.

Não é nada profissional um demonstrador usar gírias como "véi", "tá ligado", "foi mal". Esse tipo de comunicação se usa no meio social e entre amigos. Nunca com consumidores ou clientes.

As pessoas falam esses termos com tanta frequência que nem percebem quando falam com outras pessoas mais formais. Ou quando percebem, já falaram.

Pense nisso. Gírias, palavrões e apelidos não são bem aceitos no âmbito profissional. Quando falamos com nossos clientes, não estamos falando com nossos amigos íntimos.

Se você tratar todos com cerimônia, as pessoas podem até não gostar, mas também não irão se ofender, tampouco isso vai comprometer sua imagem.

Quando lidamos com consumidor final, aquele cliente da loja que estamos trabalhando, a preocupação deve ser mais presente, porque ele não terá dúvidas em entregar o demonstrador que não usou uma linguagem mais adequada com ele no momento da abordagem. Ele sabe que provavelmente nunca mais o verá, e que não terá nada a perder se o entregar.

Já o nosso cliente, a loja, terá mais contato conosco, portanto poderá ser mais complacente, porém não o tempo todo.

4.2. Comunicação escrita

Recebemos e passamos informações por escrito quase diariamente.

Quando fazemos um relatório para a nossa empresa, estamos fazendo uma comunicação escrita interna. Se nossa empresa faz uma correspondência para um cliente, ela estará fazendo uma comunicação escrita externa.

A preocupação é como essas correspondências estão sendo feitas. Um relatório pode ser feito (para algumas empresas) à mão, por se tratar de documento interno, e a linguagem pode ser informal. Já um documento feito para um cliente deverá ser impresso (sempre que possível) e o vocabulário deve ser mais formal do que informal.

Os demonstradores dificilmente farão documentos para clientes, mas, com muita frequência, estarão preenchendo relatórios para suas empresas. Nos relatórios eles deverão ser mais técnicos e colocar todas as informações solicitadas pela empresa. Se for escrito à mão, capriche na letra e seja claro!

4.3. Comunicação visual

Como o nome já diz, é quando se comunica algo mediante o apelo visual.

Ouve-se falar muito em comunicação visual feita por meio dos painéis luminosos nas empresas em que se trabalha. Mas não é só isso. Placas, letreiros e outros também fazem parte. Mas para quem trabalha em supermercados, existem outros itens como *banners*, cartazes impressos ou feitos à mão, cartazetes, *folders*, panfletos, placas de sinalização de corredores, móbiles e outros tantos.

Geralmente, nos grandes supermercados, não é permitida a comunicação visual de fornecedores, por já existir uma estrutura personalizada de comunicação visual, geralmente para a rede inteira de lojas. Caso seja desta forma na empresa em que trabalha, ajude a manter o material de *merchandising* em ordem. Veja se não tem algum cartaz torto ou caindo, ou outras coisas assim. Não entregue panfleto amassado, torcido ou sujo para o consumidor final, ainda que seja o último. Essa imagem é a que ficará gravada na cabeça do consumidor.

5. RESPONSABILIDADE, ASSIDUIDADE, PONTUALIDADE

A seguir se falará de alguns aspectos que servem para todo tipo de profissional, não só para o demonstrador. São assuntos importantes que, se levados a sério, poderão definir a sua carreira, a sua imagem, a sua personalidade e, por que não dizer, o seu sucesso.

5.1. Responsabilidade

Acredito que ninguém tenha ouvido falar em um profissional que não tenha que ter responsabilidade. Responsável é aquele que responde por seus atos ou de outros. Responsabilidade é a preocupação constante mediante um compromisso feito com outros ou consigo mesmo. Claro que deve ser seguido da ação que corresponde ao cumprimento deste compromisso.

Uma pessoa responsável não "descansa" enquanto não termina, de forma correta, o que foi combinado, marcado ou a si atribuído.

Costuma-se dizer que ninguém é obrigado a assumir responsabilidades, mas é sim obrigado a cumprir as responsabilidades assumidas.

5.2. Assiduidade

É a qualidade da pessoa que tem regularidade de frequência. Ser assíduo é assistir todos os dias às aulas, é também estar todos os dias no trabalho, sem interrupções.

Para os alunos de uma escola a assiduidade é medida pela frequência às aulas. No trabalho a medida é a mesma.

Quando se trabalha com alimentos, pode-se dizer que as vendas dos produtos que não fazemos hoje não recuperaremos nunca mais! Os produtos que temos que vender hoje, venderemos hoje, os de amanhã, venderemos amanhã. Isso quer dizer que se você não for assíduo no trabalho, também não efetuará suas vendas com regularidade.

Quando se trata de uma loja de supermercado, se não estivermos com nossos produtos na área de vendas para os consumidores que irão comprar hoje, eles comprarão produtos de outros concorrentes, provavelmente contrariados, se estiverem procurando nossos produtos, e irão embora.

Amanhã, os consumidores serão outros ou, se forem os mesmos, suas necessidades serão as de amanhã.

Diferente de um promotor de vendas, por exemplo, se ele abastecer agora ou daqui a uma hora, não fará muita diferença, mas se um demonstrador não trabalhar por uma hora, perderá a oportunidade de vender para inúmeros clientes.

5.3. Pontualidade

Pontualidade também é uma qualidade. Uma pessoa que assume um determinado compromisso e o cumpre, nem sempre o fez corretamente.

Por exemplo, você deveria ter pago uma conta em uma loja no dia 18, e o fez no dia 20. Você assumiu e cumpriu seu compromisso, porém com atraso.

As pessoas têm pontualidade como característica, ou seja, o Sr. Antônio, da empresa para a qual você trabalha, sempre chega atrasado ao serviço. Já o Sr. Pedro, da tesouraria, chega sempre 15 minutos antes do horário.

Sobre as duas pessoas todos sabem, mas a quem você confiaria uma tarefa importante, como abrir o escritório todas as manhãs?

Somos vistos e avaliados pelos outros constantemente pelo que fazemos. Não há coisa mais desagradável do que atrasos em reuniões. Esses atrasos, além de chamar a atenção para o seu erro, conseguem também atrapalhar o andamento da reunião e o raciocínio de todos os participantes.

Nunca podemos deixar um cliente esperando. Se isso acontecer, em um próximo compromisso esse cliente pode procurar outro fornecedor mais pontual.

5.4. Aparência

Podemos chamar de apresentação pessoal. Quando se fala nisso, logo se imagina uma pessoa bonita e bem-vestida (com roupas de marca). Entretanto, em uma empresa, estar bonito e bem-vestido é outra coisa. Experimente olhar-se num espelho antes de ir ao trabalho, e diga sinceramente se sua aparência é a mais recomendada para trabalhar.

Existem alguns aspectos a serem observados na apresentação pessoal:

- Cabelos para homens: curtos são os mais indicados, pois o demonstrador é visto por pessoas externas à empresa, e cabelos compridos, coloridos, rabos ou cortes estrambólicos nem sempre são bem aceitos por elas;

- Cabelos para mulheres: muito compridos até atrapalham no trabalho, principalmente quando a pessoa tiver que lidar com alimentos. Coloridos também podem chamar atenção em demasia, confundindo algumas pessoas. A limpeza é percebida por todos. Agrada a todos, além de fazer bem para a saúde;
- Unhas cortadas, aparadas e limpas são regras básicas. Todos observam, e é uma questão de higiene. Para aqueles que trabalham com alimentos, não é permitido uso de esmalte nas unhas, porque na medida em que se está manipulando alguma coisa, o esmalte vai quebrando e pode se misturar aos alimentos, contaminando-os;
- Dentes: cuidados com a higiene bucal também reflete os cuidados que tem consigo mesmo;
- Para homens, a barba feita todos os dias é muito observada, porque trabalhar com barba por fazer mostra para as pessoas o quanto você não se cuida. Quando os outros olham para um homem de barba por fazer tratam-no tão mal quanto ele demonstra merecer. "Se ele não se cuida, é porque ele mesmo acha que não merece". Na grande maioria das empresas, barba por fazer não se é permitida;
- Para mulheres, joias, bijuterias e outros adornos chamam muita atenção, e podem provocar acidentes de trabalho. Você poderá enroscar seu anel em uma máquina e cortar o dedo, ou os brincos num tecido e machucar-se. Embaixo dos anéis, brincos, pulseiras e correntes formam-se depósitos de sujeira e focos de contaminação. Muitas empresas não permitem o uso de nenhum tipo de adorno no serviço; para lidar com alimentos o uso é proibido;
- Uniforme: por meio dele você pode identificar algumas coisas sobre uma pessoa, como que tipo de profissional ela é, como demonstrador, promotor, açougueiro, padeiro etc., a empresa em que trabalha (geralmente as empresas

têm o logotipo gravado em seus uniformes), o cuidado e a higiene praticados, como roupa suja, amarrotada, faltando botão, bolso descosturado, barra por fazer etc. O demonstrador normalmente utiliza um avental ou uma camiseta e/ou boné como uniforme. Não devemos nos esquecer de observar as roupas usadas por baixo do uniforme ou avental, que deverá estar sempre fechado. As mulheres não devem deixar seus sutiãs aparecendo, principalmente quando as partes que aparecem não são somente as alças;

- Sapatos limpos, ou tênis, dependendo da empresa em que trabalha. Estar bem apresentado(a) não é uma questão de dinheiro, mas de bom senso, cuidado e higiene. De um modo geral, estes itens, juntos, são imensuráveis, porém perceptíveis pelos outros, e o conjunto forma sua imagem. Como é que você quer ser visto(a)?

- Tatuagens. Hoje é moda a tatuagem, porém ela ainda é discriminada, infelizmente. Se você já possui uma tatuagem, não a ostente, não fique mostrando para todo mundo, em se tratando de ambiente de trabalho. Dê um tempo, conheça melhor a empresa e as pessoas com as quais irá trabalhar, e depois, com segurança, poderá mostrar as artes aplicadas em seu corpo. Em muitas empresas, as pessoas ainda são conservadoras e não aceitam muito bem as tatuagens.

6. IMAGEM PESSOAL E DA EMPRESA

Em itens anteriores, se falou de vários fatores que identificam ou qualificam a imagem de um profissional, e agora se falará da imagem que o profissional refletirá da empresa em que trabalha.

Você, demonstrador, deve ter "personalidade profissional", ou seja, acreditar que cumprir horários seja importante, e de fato cumprir com todos os seus. Você faz tudo certo, porém, se de vez em quando falta ao serviço, estará desqualificando a sua imagem.

As pessoas estão regularmente nos observando para falar alguma coisa, então que seja "falar bem".

Todos nos observam, independentemente se estamos estudando, nos preparando profissionalmente, tendo atitudes participativas com colegas, usando de criatividade.

Da mesma maneira, a imagem de uma empresa também tem fatores que a identificam, como pagamento de contas, impostos, salários de seus empregados, atendimento aos clientes etc. Quando nós representamos uma empresa, também carregamos conosco a imagem desta, portanto somos responsáveis pelas duas imagens.

Se possível, é bom reparar, antes de entrar em uma organização, qual é a sua imagem perante o mercado, e veja bem se é isso mesmo que você quer. Depois de contratado, você terá que cuidar da manutenção desta imagem. A sua própria, você fará no dia a dia.

É bom comentar que, quando ocorre algum problema, a imagem da empresa é a primeira a ser desgastada, porque nosso cliente se lembra desta forma: "o funcionário da empresa "X" fez algo errado".

Agora, para os seus superiores, os clientes se lembrarão da sua imagem primeiro.

Quanto ao consumidor, imagem da empresa é a que marca, porque não é comum pedir o nome do funcionário em uma abordagem, então para ele você é a empresa que estiver na logomarca estampada no seu uniforme.

Localizar um funcionário é fácil, basta saber qual foi a loja e em qual horário, e rapidamente se encontrará o demonstrador. Então, se algo errado acontecer, com certeza esse fato será localizado.

7. TENHA SUAS PRÓPRIAS METAS: SEJA UM PROFISSIONAL *PLUS*

Podemos chamar de meta tudo aquilo que pretendemos conquistar mediante algum esforço.

Exemplo: a empresa estipula como meta para você atender 50 clientes e vender cerca de 80 kg de seus produtos por dia. Você, como um bom profissional, fará tudo para cumpri-la. Mas isso não é tudo, você pode se superar, procurando atender 55 clientes e vender 100 kg de produtos. Entretanto, para isso, você deve ter este algo a mais como sua meta. Este "algo a mais" nós podemos chamar de *PLUS*.

Há dois times de futebol em uma partida. Um deles precisa vencer com uma diferença de dois gols para ser campeão. Este, com certeza, correrá mais do que o outro. Ele terá que ser um time *PLUS*, terá que ser mais do que um time convencional. O time que está com a vantagem quer ser campeão também, mas deixará o maior esforço para o seu oponente.

Não se consegue atingir metas ou ser um profissional diferenciado no mercado se não cumprimos com o básico, como foi dito nos itens anteriores. Para ser *plus* tem que se fazer o que for necessário e mais alguma coisa.

Ponha metas desafiadoras em sua vida pessoal e profissional e programe todos os dias o seu trabalho do dia seguinte. Acredite em si mesmo e você será um vencedor.

8. DESENVOLVIMENTO PESSOAL, CRESCIMENTO PROFISSIONAL

Todo profissional tende a crescer de alguma maneira, e se isso não acontecer, este profissional muda de estratégia ou de emprego para poder se desenvolver e crescer. Podemos promover nosso desenvolvimento pessoal de várias maneiras:

- Intelectualmente, estudando, lendo, assistindo peças de teatro, fazendo cursos etc.;
- Psicologicamente ou socialmente, procurando autoconhecimento e corrigindo as próprias falhas ou defeitos, bem como valorizando as qualidades;
- Fisicamente, praticando esportes, fazendo ginástica;
- Espiritualmente, tendo a sua religião, estudando e seguindo seus princípios.

E o crescimento profissional?

Se você for responsável, determinado e demonstrar interesse pelo seu trabalho, além de desenvolver-se pessoalmente, o crescimento profissional será uma consequência. Aquele que "batalha" por si próprio terá o reconhecimento de todos, com certeza.

Como você pode se desenvolver? Estar lendo este trabalho pode ser uma forma. Estudar, fazer cursos, ler matérias, conversar com pessoas, criar novas maneiras de fazer as coisas ou ter ideias diferentes, derrubar paradigmas, tudo isso são formas de desenvolvimento. O que não dá é achar que é tarde demais para fazer as coisas.

Nunca pense que está velho ou cansado demais para ir a uma escola ou fazer um curso profissionalizante qualquer.

No item anterior se falou em sermos "algo a mais", colocarmos metas em nossas vidas, pois estudar e se desenvolver pode ser uma meta e um algo a mais em sua vida. Procure descobrir ou lembrar-se daquilo de que você gosta e tem aptidão, acredite em você e vá à luta.

CAPÍTULO III

1. DEPARTAMENTOS/SEÇÕES DAS LOJAS

Quando um demonstrador é contratado para demonstrar ou fazer degustação em um cliente, ele pode passar por vários setores da loja, então é bom que se tenha uma ideia de como funciona uma loja de supermercado para não ficar perdido quando chegar lá.

As seções e os departamentos das lojas com os quais demonstradores mantêm contato variam de rede para rede de supermercado em função do tamanho das lojas. Quanto maior a loja, mais seções ela tem.

Assim também ocorre com o tipo de consumidores da região, que irão determinar os produtos a serem comercializados, distribuídos, degustados, ou demonstrados.

Um departamento é composto por várias seções, por exemplo, o Departamento de Perecíveis é formado pelas seções de PAS, salsicharia, padaria, FLV e outros, como será visto a seguir.

Vamos considerar as seções de uma loja do tipo grande, onde teremos a ideia do que nos espera:

- Como regra geral, os departamentos de uma **loja** são:
  - Perecíveis, Bazar, Mercearia, Frente de Caixa e Tesouraria.
- Os Departamentos de Apoio são:
  - Recepção ou Recebimento de Mercadorias, Serviços de Manutenção, Segurança, Serviços Gerais e Administrativo. Com estes departamentos você terá contato, porém, irá trabalhar onde o cliente consumidor estiver, ou seja, na área de vendas da loja.

Para cada departamento desses, existem várias seções:

- Os **perecíveis** têm as seguintes seções:
  - Açougue: esta seção é muito importante pelo atendimento, que exige excelente tratamento com o cliente, conhecimento das carnes a serem cortadas e expostas, bem como cuidados com a limpeza, porque é um setor que, se não estiver bem limpo, irá exalar mau cheiro por toda a loja.

Muitas partes de carnes são pré-embaladas no local, assim como outras já vêm embaladas de fábrica, e são expostas na área de vendas, fora do açougue. Já trabalhei fazendo degustação de linguiça próximo ao açougue, e o resultado foi fantástico, porque o cheiro exalando pela loja toda da linguiça na chapa atraiu muita gente. Degustar este tipo de alimento é muito bom em função do resultado, que é imediato;

• Peixaria: muito parecida com o açougue, porque também requer extremos cuidados e conhecimentos específicos dos peixes, uma vez que são sazonais, ou seja, em alguns períodos do ano existem alguns tipos de peixe e em outros períodos outros tipos. Também são colocados os pescados nas ilhas de congelados, geralmente de produção de fornecedores com marcas específicas. Ainda não tive a oportunidade de presenciar uma degustação na peixaria, mas adoraria ver o resultado de uma, porque acredito muito no profissionalismo e na capacidade de venda dos demonstradores;

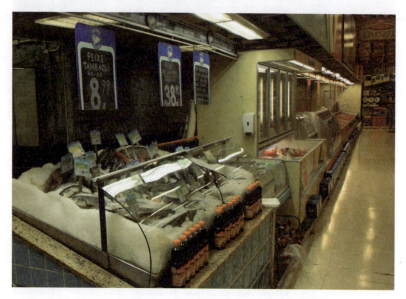

• Padaria: área que requer muitos cuidados, pois nela os produtos são manipulados em muitas fases do processo de produção, e todos os seus trabalhos estão expostos aos olhos dos clientes. Os produtos da padaria têm, além do visual, o aroma como estímulo de compra. Próximos à padaria são expostos pães de indústrias, que abastecem e cuidam de seus produtos. São colocados inúmeros tipos de pães de vários fabricantes.

♦ Aí pode acontecer uma degustação. Eu fiz inúmeras, inclusive com parceria entre indústria de frios e indústria de pães. Uma parceria, claro que aprovada pela sua supervisão, pode resultar bons frutos, porque quando um cliente consumidor prova, por exemplo, uma torrada com um patê de determinada marca, se ele gostar, vai querer levar o patê daquela marca e a torrada também;

♦ Salsicharia: são colocados os produtos reembalados nos padrões dos supermercados, como queijo fatiado, presuntos, salsichas a granel, salames, entre outros. Não é muito comum uma degustação nesta seção, a não ser quando se colocam bandejinhas com degustação de algum item que necessite vender logo. As degustações geralmente ocorrem por lançamento de produtos, ou muito quando há uma necessidade de venda de um estoque com data próxima do vencimento;

• Hortifruti ou FLV (Frutas, Legumes e Verduras): onde são expostos frutas, legumes, verduras e afins. Esta é uma seção que requer cuidados diários. A rotatividade e a perecividade dos produtos são muito altas. A manipulação dos produtos é feita pelos consumidores diversas vezes, sendo esta a causadora de muitas perdas. Em muitas lojas colocam-se flores e arranjos, ovos e temperos junto à Seção de Hortifruti. Também é comum em Hortifruti bandejas próximas ao produto, mas sem a presença do demonstrador;

• Produtos de Auto-serviço (PAS): contém o mesmo que a Salsicharia, só que em embalagens fechadas. Também possui outros resfriados e congelados, derivados de carne, laticínios, entre outros.

• O nível de atenção é alto devido ao volume de vendas e à preocupação com a validade e o estado físico dos produtos, bem como ao acompanhamento dos *freezers* e das geladeiras da seção.

• Nesta seção também costuma-se fazer ações de degustação em função da característica dos produtos vendidos. As pessoas querem produtos prontos ou com pouca manipulação para o preparo, que é o caso desta seção.

• Rotisseria: como é uma seção que tem movimento apenas em alguns horários do dia, é colocada junto com a Salsicharia, aproveitando melhor o trabalho dos funcionários do mercado.

Colocam-se ali produtos de consumo imediato, como pratos prontos para refeições e doces a granel. Dificilmente alguém irá fazer degustação nesta seção porque os produtos são de produção própria, e não de terceiros. As indústrias grandes é que costumam promover seus produtos para melhorar a pulverização no mercado.

- Compõem a **Mercearia** as seguintes seções:
    - Higiene e Limpeza: é onde são colocados os produtos de higiene pessoal e de limpeza doméstica. É uma seção que tem produtos cuja validade é longa e não há necessidade de equipamentos de refrigeração para sua conservação.

    - A característica desta seção é a demonstração de produtos, muitas vezes com distribuição de amostras. Eu mesmo sou consumidor de um determinado desodorante há anos, porque fui abordado por uma demonstradora que me forneceu uma amostra. Nunca mais mudei de marca. Nestas abordagens costuma-se fidelizar clientes;

• Líquida: onde são alocadas as bebidas, como refrigerantes, bebidas alcoólicas e sucos. Em muitas lojas estão disponibilizadas geladeiras para que os clientes comprem suas bebidas geladas para levar para casa. Porém, na maioria das lojas, essas bebidas não têm refrigeração. São vendidas em temperatura ambiente. É uma seção delicada devido à fragilidade das embalagens e dos produtos, como os refrigerantes, que estão sob pressão, e não podem ter suas garrafas sacudidas nem batidas para não haver perda ou dano ao produto. Também existem bebidas mais caras,

♦ Degustação é muito comum nesta seção. Geralmente se degusta sucos e vinhos. Os resultados costumam ser bem positivos;

♦ Seca: estão disponibilizados nesta seção os alimentícios não perecíveis, como macarrões, massas, farináceos, enlatados, conservas e outros do gênero. Seção com uma certa preocupação nos cuidados com a exposição, manuseio, *layoutização*, limpeza etc.

♦ Esta também é uma seção de pouca degustação; quando ocorre, costuma ser por necessidade de vendas e lançamento de produtos.

• No **Bazar** as seções que compõem o departamento estão praticamente juntas. Elas vêm crescendo muito nos últimos anos, e seus produtos são os mais diversos. Abaixo são citados apenas alguns exemplos:

♦ Acessórios para limpeza; Acessórios para o lar; Acessórios para festas; Acessórios automotivos; Jardinagem; Lazer; Manutenção doméstica; Papelaria; Materiais elétricos; Cozinha, entre outras. Em cada uma delas poderá haver um ou mais promotores abastecendo e promovendo seus produtos. Dificilmente deverá acontecer uma demonstração neste setor.

- **Frente de Caixa** e **Tesouraria**: atividades específicas das lojas, nas quais o demonstrador não tem participação direta nem indireta na seção. Mesmo tendo produtos abastecidos nas prateleiras junto aos caixas, não seria possível fazer degustação ou abordagem ali, porque não há espaço físico para todos. É um local onde os clientes já compraram tudo e gastarão apenas com pequenos itens de impulso. Há muitos anos, vi em um supermercado em Curitiba o início de uma nova abordagem, criada por um senhor argentino que colocou, em frente aos caixas, aparelhos de televisão onde passavam receitas de pratos, e que todos os ingredientes estavam à disposição na loja. Percebi que muitas pessoas prestavam atenção na receita e provavelmente comprariam aqueles produtos para preparar seus pratos. Essa é uma forma de abordagem ao consumidor, mas acho que não passaria disso na loja.

- Os **Departamentos de Apoio ou Retaguarda** são:

  - Recepção ou Recebimento de Mercadorias: é por onde seus produtos chegam, são conferidos e recebidos. É também por onde passam as trocas ou devoluções de produtos com algum tipo de problema.

  - Os depósitos onde são guardados os produtos, desde a chegada até a colocação em exposição na loja, são geralmente subordinados ao Recebimento de Mercadorias. O demonstrador poderá ter algum contato com o Recebimento de Mercadorias caso tenha que receber suas degustações ou auxiliar no recebimento de produtos da empresa;

  - Serviços de Manutenção: os manutencionistas cuidam da manutenção da loja, em todos os defeitos e avarias que acontecem, desde a troca de uma lâmpada até a retirada de um equipamento para ser enviado para uma empresa especializada. Eles fazem a manutenção preventiva e a corretiva. Você, demonstrador, poderá também solicitar alguns préstimos ao pessoal de manutenção, caso necessite de instalar algum equipamento para preparar suas degustações, ou algum outro aparelho que necessite de energia elétrica;

  - Segurança: esta seção é muito delicada, porque cuidar de toda a segurança da loja requer muita atenção e equilíbrio emocional. Seus funcionários estão sempre atentos aos clientes e supostos clientes que fazem pequenos furtos na loja e até mesmo fraudam preços dos produtos. Estão por todos os cantos da loja e quase nunca são percebidos. É interessante que pelo menos as demonstradoras conheçam este pessoal para, em um momento de exagero de algum consumidor "engraçadinho", eles venham auxiliá-las;

• Serviços gerais: esta é outra seção que trabalha de forma imperceptível quando os trabalhos de limpeza estão bem feitos – caso contrário, são os primeiros a serem lembrados. Também cuidam de toda a loja, principalmente por onde os clientes transitam. Os cuidados com a limpeza devem ser especiais e muito rápidos. O demonstrador também poderá pedir auxílio para o pessoal de limpeza, caso em alguma degustação aconteça acidentes que venham a sujar o local de trabalho. Também é importante, caso veja algum lugar com produto vazando ou sujo mesmo, que acione a equipe para efetuar a limpeza (claro que sempre em um tom cordial).

• Administrativo: esta seção dá apoio aos serviços burocráticos de toda a loja, principalmente da gerência desta. As áreas de recursos humanos e financeiro são as que mais se beneficiam dos seus trabalhos. O demonstrador deverá necessariamente se apresentar oficialmente ao setor administrativo para depois ser encaminhado à loja. No setor administrativo o demonstrador poderá tirar todas as suas dúvidas a respeito do seu trabalho, das normas da loja e do pessoal que irá trabalhar.

2. RELATÓRIOS: IMPORTÂNCIA E RESPONSABILIDADE

Muitas pessoas não gostam de escrever, mas preencher relatórios é uma rotina frequente para o profissional de vendas.

Se você pensa que fazer ou preencher relatórios é aquela coisa chata que só toma tempo e não leva a lugar nenhum, está enganado.

A finalidade dos relatórios é acompanhar os trabalhos, os números, a concorrência e o desempenho comercial da empresa.

Um bom administrador de empresa comercial sabe muito do que acontece com o mercado e com seus colaboradores por meio dos relatórios. Os dirigentes das empresas não podem estar em todos os lugares ao mesmo tempo. Portanto, os relatórios são armas poderosas.

Seja qual for o motivo do relatório, lembre-se: "o que irá dar subsídios para a empresa em que trabalha nas tomadas de decisão são todas as informações e a qualidade delas".

Um relatório pode ser um simples formulário para preenchimento – que tomará alguns de seus minutos para fazê-lo – ou outro narrativo, em que você terá que escrever bastante; nesse caso, seja criterioso: escreva tudo, seja claro, objetivo, e não despreze informações pequenas, mas que possam ser úteis. Também não escreva demais, só para "encher linguiça".

Ao lado das gôndolas: o trabalho dos demonstradores de produtos no supermercado

Seja como for, faça com atenção e responsabilidade, e entregue o relatório no prazo estabelecido. Um relatório solicitado e entregue no prazo pode evitar muitos prejuízos para a empresa.

Você pode e deve saber por que está fazendo um relatório, e a empresa sabe e deve orientá-lo sobre as razões pelas quais o solicitou.

O que é comum pedirem para um demonstrador? São coisas como o número de pessoas abordadas, o número de degustações oferecidas, as opiniões mais relevantes, quantos afirmaram que gostaram, e quantos afirmaram não ter apreciado, também quantos já conheciam, quais os resultados das vendas no período promocional, e por aí vai.

Cuidado com a sua letra. Você e as outras pessoas têm que entender o que **você** está escrevendo. Vi vários casos em que o próprio profissional que escreveu não entendia a própria letra.

3. MERCHANDISING

a) **O que é:**

Quando se trabalha com vendas e, principalmente, diretamente com o consumidor final, é importante que se conheça algo sobre *merchandising*, porque este fator poderá auxiliá-lo no resultado positivo do seu trabalho.

São muitos os conceitos de *merchandising*, mas na verdade eles convergem para o auxílio direto ao produto, em sua imagem, e atividades que possam de alguma forma melhorar o produto na área de vendas.

No nosso caso, podemos chamar **MERCHANDISING** de apoio logístico do produto no supermercado.

Merchandising é tudo aquilo que se agrega a um produto ou grupo deles na área de vendas, visando atrair ao máximo o consumidor, fazendo-o sentir desejo em adquiri-los.

Um demonstrador, fazendo uma abordagem com ou sem degustação, terá apoio direto do *merchandising* nas suas vendas.

A *American Marketing Association* apresenta um conceito de *merchandising*: "É o conjunto das operações de planejamento e de supervisão da comercialização de um produto ou serviço, nos locais, períodos, preços e quantidades que melhor possibilitarão a consecução dos objetivos de *marketing*."

Pode-se dizer, então, que *merchandising* para supermercado é o conjunto de ações diretas aos produtos, executadas com a finalidade de melhorar os aspectos de exposição destes nas áreas de vendas, objetivando ganhar dos concorrentes a atenção e o desejo de compra dos clientes da loja.

b) Como utilizar:

Costuma-se falar em "fazer um breve *merchandising*" na área de vendas. É o mesmo que, por exemplo, arrumar os produtos nas prateleiras, ou limpá-los, ou reordená-los para que tenham um novo e mais atraente *layout*, chamando, com isso, mais a atenção dos clientes consumidores.

Esse era um papel exclusivamente a ser executado pelos promotores, e hoje se estendeu para os vendedores e demonstradores. Na verdade é uma obrigação de todos os profissionais que trabalham naquela empresa fornecedora, e que estão por alguma razão passando naquela loja por algum motivo. O promotor para abastecer, o vendedor para, além de vender, poder contar as quantidades a serem oferecidas aos clientes e aos demonstradores, porque não faz sentido algum oferecer um produto que está disposto em uma prateleira desarrumada, suja ou com espaços vazios. Eu mesmo, como supervisor, não perdia nenhuma oportunidade para dar uma "arrumadinha" na área de vendas que estivesse desajeitada.

Olhar para seus produtos na loja e imaginar o que pode ser feito para eles se tornarem mais atraentes pode ser uma boa dica. Os produtos devem chamar a atenção pela boa imagem e aparência.

Se a empresa na qual trabalha tem e fornece material de ponto de venda ou material de *merchandising*, e se esta for também sua função na empresa, use todos os que forem possíveis e permitidos nos seus clientes.

Ao trabalhar um produto ou área de vendas, primeiro verifique todo o material já colocado, veja se não há algum cartaz rasgado ou danificado, se os aparadores de gôndola não estão quebrados, e assim por diante.

Substitua os ruins por novos e coloque aqueles que ainda não estão expostos, ou acione o promotor da empresa, ou até mesmo o vendedor que atende aquela loja para que façam esta substituição.

Verifique se as embalagens estão com as faces viradas para o cliente, se estão limpas e se não há nada que se possa fazer para melhorá-las, tanto em relação a como estão os seus produtos, quanto em relação aos produtos dos concorrentes. Não custa nada. Vai existir algum momento que você não terá clientes para abordar, então, cuide da área de vendas para ocupar seu tempo de forma produtiva e menos entediante.

Seu MPV deve estar mais bem colocado e posicionado. Cuidado para não poluir visualmente o ambiente. Colocar cartazes em demasia só dificulta a visualização e a identificação por parte do consumidor e, certamente, não terá o efeito esperado.

Não utilize material estragado, rasgado, amassado ou sujo, porque assim estará mostrando uma imagem distorcida da empresa.

Tudo isso deve ser feito antes do início dos trabalhos de demonstração e/ou degustação, e mesmo depois de ter começado, já que os clientes consumidores irão desarrumando a área de vendas, e o demonstrador deve ir arrumando.

Você deve estar dizendo: mas isso é função do promotor de vendas! É sim. Normalmente sim, mas se a empresa em que trabalha definiu esta como sendo sua função, ou se o promotor não estiver na loja no momento, não espere que as pessoas lhe cobrem. Faça antes!

Se for função do promotor, certamente ele ficará grato e o ajudará no momento em que for preciso.

c) Quais são seus benefícios:

Pode-se falar muito dos benefícios do *merchandising*, mas vou colocar os que considero mais importantes:

- Primeiro: o embelezamento da loja ou da área de vendas. Quando se utiliza o *merchandising*, a área trabalhada melhora bastante visualmente, chama a atenção;

- Segundo: fixação do nome do produto ou marca. Se o produto ou grupo de produtos estiver arrumado, limpo, bem exposto, o consumidor, mesmo que não compre nada, ficará com aquela imagem boa na cabeça. Certamente em uma próxima compra ele irá se lembrar dos seus produtos;

- Terceiro: a venda propriamente dita. É muito bom ver seus produtos, que foram trabalhados com *merchandising*, serem comprados pelos consumidores finais na loja. Seus estoques saem, a preocupação com os vencimentos diminui e atinge-se um dos objetivos principais dos clientes, que é a venda;

- Quarto: satisfação do consumidor final. Quanto melhor for o trabalho feito sobre um determinado produto ou marca, maior será a satisfação do consumidor final. O *merchandising* mostra que o que ele quer, necessita e procura está ali no seu produto;

- Quinto: satisfação do seu cliente supermercadista. Todos estão olhando para seus trabalhos. E quem não gosta de ver sua casa arrumada para receber seus visitantes? Podemos falar também das vendas que serão melhores;

Ao lado das gôndolas: o trabalho dos demonstradores de produtos no supermercado

- Sexto: satisfação da empresa. Seus superiores e colegas que irão visitar aquela loja farão comentários sobre seus trabalhos e os resultados deles;

- Sétimo: satisfação pessoal. Ao final do seu trabalho, olhe o resultado.

- Observe como ficou diferenciado dos demais. Na pior das hipóteses, melhor do que estava antes. Tenho certeza de que a satisfação pessoal vem pela iniciativa, criatividade, desempenho, dever cumprido, e pelos resultados diretos e indiretos que virão juntos;

- Oitavo: alcance de metas e cobertura de cotas. Ao se trabalhar um produto ou conjunto deles, certamente se venderá mais. Todas as empresas estipulam tecnicamente suas metas ou cobertura de cotas para as equipes de vendas. Melhorando as vendas, a probabilidade disso acontecer é muito maior;

- Nono: formação de demanda. Este é um efeito colateral positivo da venda. Se mais consumidores estão levando seus produtos, mais serão os que os estão conhecendo e acabarão se tornando consumidores efetivos. Muitas vezes o simples fato de provar um produto faz com que o consumidor se torne tão fiel que será muito difícil ele mudar de marca. O papel do demonstrador é vender e fixar demanda;

- Décimo: demonstração de proatividade aos seus concorrentes. É muito bom ver em uma loja que você fez um trabalho melhor que seu concorrente. Na mesma hora ele sente que você tem força, inteligência, organização, profissionalismo e está muito bem relacionado com o seu cliente. O ideal é que o demonstrador seja proativo todas as vezes.

4. MATERIAIS DE PONTO DE VENDAS

A maioria das boas empresas fabricantes desenvolve produtos de *merchandising* próprios para serem colocados nos seus clientes com a intenção de promover seus produtos e aumentar as vendas.

Ou elas têm um departamento próprio de *marketing* ou contratam uma prestadora deste serviço para executar suas necessidades.

Esses Materiais de Ponto de Venda, ou MPVs, podem ser:

- **Institucionais**, ou seja, materiais que promovam o nome da empresa ou uma marca, como por exemplo pneu, neste caso não importa o tipo;
- **De produto**, que são usados para trabalhar uma promoção específica. Neste caso, pode ser para um produto ou um grupo deles.

Alguns exemplos desses materiais:

- Cartazes, que são aqueles que estamos acostumados a ver em todos os tipos de estabelecimentos, com ou sem moldura, feitos em papel ou chapa de PVC;
- Cartazetes, que são iguais aos de cima, porém em tamanho menor;
- Panfletos, que são distribuídos diretamente aos consumidores ou são colocados junto aos produtos na loja;
- Móbiles, como são chamados todos aqueles que são pendurados por fios. A apresentação dos móbiles é muito rica,

Ao lado das gôndolas: o trabalho dos demonstradores de produtos no supermercado

pois as empresas fabricantes deles estão cada vez mais criativas e o produto permite inúmeros tipos de variações. São materiais muito caros, por isso são colocados em lojas com maiores volumes de vendas;

- Infláveis, são aqueles balões de plástico, que vão desde os pequenos até os gigantes. São feitos balões comuns em forma de mascotes dos fornecedores, ou na forma do produto. Todos podem ser para uso interno ou externo da loja. Para utilização destes infláveis, também são usados critérios de volume de vendas. Quanto maior a venda, maior o empenho da promoção;

- Aparadores de gôndolas, feitos de papelão ou PVC (plástico). São aqueles que a gente vê segurando os produtos nas prateleiras, e são excelentes justamente para não deixar os produtos caírem desta. Nas lojas de rede que já possuem um critério próprio de sinalização visual, normalmente não é permitido o uso destes e de muitos outros MPVs. Os aparadores de gôndolas ou réguas são muito usados em lojas de menor porte.

- Papel de prateleiras. São papéis em rolo, com a marca da empresa ou de um produto, utilizados para preparar trabalhos especiais nas lojas, cobrindo caixas e enfeitando prateleiras. Também utilizados em lojas de menor porte;

- Aramados. Estes são de diversos tamanhos e de diferentes tipos. São caixas, prateleiras, suportes, cestos e outros feitos de arames ou barras de ferro redondos mais grossos. São utilizados em lojas em que o espaço físico nas prateleiras ou gôndolas é deficiente. Aí são fornecidos os aramados dos mais diferentes formatos. Os aramados também são colocados em pontos extras, e são ótimos para ganhar da concorrência em metragem de espaço e em resultados de venda;

- Caixas de ponto extra. Estas têm mais ou menos a mesma função dos aramados, porém com menor vida útil, pois o material, que é papelão, é mais frágil. São geralmente de menor tamanho por causa da resistência do material e da facilidade de colocação na loja do cliente. São utilizadas para promoções curtas e de produtos não perecíveis. São também colocadas em pontos extras, espalhados pela loja;

- Sacolas plásticas. São utilizadas em promoções, muitas vezes em parceria do fornecedor com o cliente, geralmente de pequeno porte. Para isso são colocados o nome do cliente para identificar a loja, e o do fornecedor ou seu produto para caracterizar a parceria, ou o que convier comercialmente para as empresas envolvidas;
- Brindes. Podem ser canetas, camisetas, sacolas, chaveiros, calculadoras e outros inúmeros produtos. São distribuídos geralmente para os clientes e, em um menor número e casados com promoções, também para consumidores. A distribuição de brindes para consumidores é feita median-

te a compra do produto que está em promoção. Muitas vezes os brindes são colocados (grudados) nos produtos promocionados, ou vinculados a embalagens ou preenchimento de cupons;

- Outros, como folhetos com receitas e promoções, *banners*, faixas, adesivos, *displays*, etc. Seria difícil falar de todos os tipos de MPVs, porque todos os dias estão se criando coisas novas. Um demonstrador também pode criar MPV. Basta usar criatividade, se possível construir um protótipo do seu invento, e apresentar para o departamento de *marketing* da empresa. Se a ideia for boa, certamente poderá ser aproveitada.

5. ADVERSIDADES DA PROFISSÃO: COMO AGIR FRENTE À ELAS

Duas coisas acontecem quando você se depara com adversidades. A primeira delas é a reação, no caso de demonstração – principalmente quando for demonstradora, sendo provável alguns "engraçadinhos" fazerem "gracinhas" para elas, causando muito constrangimento e desconforto. É preciso ter muito profissionalismo para não deixar que o lado emocional fale mais alto e acabe estragando o dia.

Esses "engraçadinhos" nem sempre são só clientes consumidores, mas também funcionários da loja, que acabam confundindo as coisas.

O que deve ser feito em uma situação destas? No caso de abordagem, fingir que não entendeu e continuar a abordagem ignorando o fato. Caso o agressor insista, você deve pedir licença e dirigir-se a outro consumidor, e ainda, se não houver outro consumidor, saia do seu posto de trabalho e vá até onde haja outras pessoas. Em casos mais graves pode ser solicitado até a ajuda de um segurança da loja.

Calma! Isso não é tão comum assim. Mas se acontecer, fique tranquila.

No caso do agressor ser da loja, avise-o que você poderá comunicar ao seu encarregado, e na insistência, vá até ao chefe dele e comunique.

Outra adversidade é a ação da concorrência. A atividade da concorrência diante das suas próprias necessidades. Isso quer dizer que, por alguma razão, seu concorrente execute alguma ação para resolver seu problema.

Normalmente as lojas não permitem que se façam abordagens de empresas concorrentes, principalmente com produtos iguais ao mesmo tempo, mas se algo parecido acontecer, a primeira coisa a fazer é comunicar os seus supervisores para que eles tenham conhecimento no menor tempo possível da ação, e que possam fazer alguma coisa para neutralizar.

Nunca entre em conflito com outro demonstrador ou demonstradora. Eles também são como você. Eles não têm poder de decisão e não têm nada, teoricamente, contra a sua pessoa. Não leve nada para o lado pessoal.

Vamos falar, então, das ações do seu concorrente, e do que você pode fazer para neutralizá-lo.

Ações do concorrente

a) **Compra ou conquista de espaço físico no cliente**

Ao lado das gôndolas: o trabalho dos demonstradores de produtos no supermercado

É quando ele conseguiu, de alguma maneira, aumentar seu espaço na área de vendas, ou seja, conquistar um ponto extra na loja, que com certeza foi tirado de algum outro produto.

Normalmente os outros concorrentes são os últimos a saber desse tipo de ação e, quando isso acontece, o responsável (do cliente) tira espaço daquele que atende pior aos seus interesses.

Os interesses podem ser: aumento de venda; aumento de lucro; aumento de circulação de consumidores na loja; ações especiais; manutenção de tudo isso etc.

Caso seja tirado algum espaço seu na área de vendas durante o período de demonstração ou degustação, você deve comunicar imediatamente seu superior para que ele reverta esta situação.

Se você tiver liberdade com o pessoal da loja, mas sem comprometer a sua permanência nela, fale com eles para voltar os seus espaços, mesmo que somente para o período promocional.

b) **Compra ou conquista de item de cadastro**

Muitos clientes cobram por item cadastrado na loja, para inclusão deste item no cadastro de fornecedores. Quando um item de produto de um fornecedor é incluído no cadastro do cliente, acontece o mesmo que no caso anterior, os outros fornecedores perdem algum espaço.

Da mesma forma, você poderá perder algum espaço. Isso também é perigoso porque você tem muitos produtos estocados para o período promocional, e se perder espaço, poderá reduzir as vendas e encalhar produtos.

Você deve agir como da situação anterior: comunique seus superiores.

c) **Lançamento de produto no mercado**

Um determinado fornecedor, concorrente seu, lança um produto no mercado, assim como a empresa para a qual você trabalha.

Existe alguma semelhança com a situação anterior, mas com uma diferença muito importante. Um produto novo no mercado, apesar dos estudos feitos antes de lançá-lo, pode não ser bem aceito. Aí, do jeito que apareceu, ele desaparece. Talvez você não tenha tempo para perceber este desaparecimento durante o período da sua promoção.

No caso tanto seu promotor quanto você mesmo devem manter as prateleiras cheias de produtos para que não se consiga tirar espaços de vocês para dar a outro concorrente. Encher as prateleiras é função do promotor, mas em casos especiais é dever de todos, não se esquecendo de sempre fazer as coisas com anuência dos supervisores.

d) Queima de estoque

Isso acontece quando existe um estoque alto do produto, ou sua data de vencimento está muito próxima, e se ele não for vendido logo, vencerá ou perecerá. O fornecedor que estiver nesta situação deverá fazer tudo para vender todo o seu estoque no menor prazo de tempo possível, ou seja, uma boa promoção, até mesmo uma demonstração ou degustação.

Essa "queima" prejudica a venda de produtos similares de todos os concorrentes, às vezes por muito tempo.

Sempre que acontecer este tipo de situação, deve-se comunicar o supervisor ou vendedor para que eles possam agir o mais rápido possível.

A demonstração que você estará fazendo já será um atrapalho para a vida dos concorrentes, e eles estarão tentando neutralizá-lo.

e) Retomada de participação na loja

Isso é, quando um fornecedor, por alguma razão, sai do cadastro de fornecedores, e depois de algum tempo retorna. Mais uma vez, todos os fornecedores perdem espaço.

Neste momento do retorno, o atendimento do fornecedor tentará firmar sua presença na loja, de modo a atrapalhar os outros. Você deve trabalhar o melhor que puder para não ser o motivo de retirada de espaço na área de vendas.

Uma boa demonstração justificará a sua permanência na loja e a de seus produtos. Lembrando mais uma vez que tudo que acontece na loja deve ser comunicado ao supervisor, porque seu rendimento poderá piorar em função da concorrência, mas se seus superiores souberem do que está acontecendo, certamente farão uma avaliação sua mais precisa.

f) Épocas do ano ou datas especiais

Verão, inverno, primavera, outono, aniversário do cliente, dia das mães, Natal, Páscoa, Carnaval etc. As ações dos supermercadistas são geralmente mais agressivas e mantêm em suas lojas promoções constantes, terminando uma e logo começando outra. Você provavelmente estará nestas épocas trabalhando em alguma ação. O importante nestas épocas de concorrência acirrada é fazer um excelente trabalho. Você, fazendo o seu melhor, estará ajudando a si mesmo, à empresa e ao seu cliente, o lojista.

Nestas épocas é muito comum terem muitos demonstradores e demonstradoras nas mesmas seções ao mesmo tempo. Acontecem inúmeras situações de fofocas, desavenças, intrigas entre os concorrentes. É comum, mas não necessário. Evite este tipo de desconforto. Ninguém é obrigado a gostar de ninguém, mas também não precisa estimular ou participar de coisas assim. Fique na sua, não se meta nos assuntos alheios, e não participe de "rodinhas"; isso sempre acaba mal.

Você está sendo pago para trabalhar e é isso que deverá fazer. Afaste-se de confusões.

Ao lado das gôndolas: o trabalho dos demonstradores de produtos no supermercado

Já vi situações em que o demonstrador entrou em discussão alheia e foi punido, não podendo mais entrar em nenhuma loja daquela rede, ou seja, acabou sendo demitido por não ter outra loja para ele, e depois não conseguiu mais vaga na função de demonstrador.

g) **Ocupação de espaço de um concorrente** que saiu do cadastro de fornecedores.

Por alguma razão, um fornecedor parou de vender para seu cliente, e não tem mais seus produtos na loja. Todos os concorrentes lutarão para ficar com o seu espaço.

Se o seu promotor não estiver na loja, você poderá pedir ao encarregado ou gerente da seção para que dê os espaços a você, mas primeiro deverá entrar em contato com o vendedor para que ele faça a negociação. Nunca abandone sua função para fazer outra para não se prejudicar. Falo neste apoio ao vendedor desde que não tenha que parar o seu trabalho principal, que é demonstração ou degustação.

h) **"Sangue novo na área"**

Também pode causar certo agito quando um vendedor, gerente, supervisor ou promotor novo da concorrência aparece no mercado. Todos querem mostrar serviço. Claro que irão interferir no seu trabalho.

Sempre que aparece alguém novo no mercado, ele pode estar um pouco inseguro, mas não fará corpo mole para o trabalho. O que você deve fazer? Faça mais e melhor do que estava fazendo.

Cuidado com os exageros em relação ao consumidor final. Trabalhar com simplicidade e naturalidade é a melhor opção.

i) Cumprimento de cotas de vendas

Simplesmente pode acontecer de um determinado vendedor "forçar" um pouquinho o seu pedido para cumprir sua cota de vendas do mês (ou período padronizado pela empresa). Isso acarreta um aumento de produtos concorrentes na mesma área de venda ou mesmo espaço físico, no mesmo período da sua promoção. Isso não deveria acontecer, mas acontece.

Veja o quanto seu trabalho é importante. Tudo que fizer na loja terá uma reação tanto da concorrência quanto do consumidor final. Seu trabalho interfere nos resultados financeiros da empresa na qual trabalha e dos clientes supermercadistas.

Em toda ação ou reação da concorrência, o demonstrador deverá ser o melhor que puder para que seja notado e respeitado por sua competência profissional, e não pela beleza, aparência ou empresa que trabalha. Fazendo um trabalho bem feito certamente estará bloqueando as reações dos concorrentes.

Falamos de apenas algumas, mas as razões para que um concorrente execute uma ação promocional ou reação à sua ação podem ser muitas. Não se preocupe. Você não estará sozinho. Você terá o apoio do promotor de vendas da empresa que provavelmente estará na loja mais tempo. Terá também acompanhamento do vendedor, que o ajudará muito, e do supervisor, que virá à loja com menos frequência, mas que estará sabendo de tudo o que está acontecendo com você o tempo todo.

Faça o seu melhor sempre, e os resultados virão na mesma proporção daquilo que você empregou para fazer o seu trabalho!

CAPÍTULO IV

1. BOM RELACIONAMENTO COM O SEU REI

Em vários itens anteriores, falamos do nosso rei, que é nosso cliente, e do Rei do nosso cliente, que é o consumidor final. Mas, afinal de contas, a quem devemos atender melhor?

Quando são fabricados produtos em uma unidade fabril qualquer, sempre se tem em mente que esses produtos serão vendidos ao consumidor final e ele deverá estar plenamente satisfeito, porque assim ele repetirá a compra.

Só que, para chegar ao consumidor final, o produto tem um caminho a percorrer, e os produtos acabam passando por várias mãos. Vamos ver um exemplo simples:

a) um produto "X" sai da fábrica e vai para uma distribuidora. Esta distribuidora nem sempre faz parte do grupo de empresas do fabricante, ela pode ser somente um cliente do fabricante;

b) o produto sai da distribuidora e vai para a loja do supermercado. Às vezes passa antes pelo depósito central do cliente e depois para a loja;

c) o produto vai da loja para a casa do consumidor final, ou o produto é consumido da forma como foi comprado, ou transformado em um outro produto (por exemplo, comprou-se trigo e foi transformado em pão).

Vejamos quantos Reis temos:

- O Distribuidor é o Rei do fabricante, porque o fabricante atende ao distribuidor;
- O supermercado é o Rei do Distribuidor, porque o Distribuidor atende ao supermercado;
- Também acontece do fabricante atender ao supermercado diretamente, aí o supermercado é o Rei do Fabricante;
- O consumidor final é o Rei do Supermercado.

Voltando à questão do atendimento, como é que devemos atender a um REI? Ora, com tapete vermelho! Atendê-lo da forma que gostaríamos de ser atendidos. Fornecer a ele exatamente o que ele necessita, ou o mais próximo disso.

Você foi a um supermercado para fazer compras, e dele você é um Rei. Naturalmente, você gostaria de encontrar rápido uma vaga no estacionamento; gostaria de encontrar à mão um carrinho para as compras; também gostaria de ter acesso fácil ao interior da loja, e facilidade de locomoção; seria imprescindível achar o produto da marca de sua preferência; em caso de dúvida, que os funcionários dessem um tratamento digno e profissional; e depois de ter comprado tudo, o atendimento no caixa deveria ser breve, e o empacotamento rápido.

A essa altura, você já estaria louco para sair da loja e ir para casa. No estacionamento, esperaria não encontrar fila.

Note que não falamos do preço dos produtos, porque o preço é apenas um item no processo de atendimento e, embora importante, ele não é o único fator de interesse dos consumidores.

Agora, nós somos os fornecedores, fabricantes ou distribuidores.

Nossa preocupação principal é o consumidor final, mas para chegarmos até ele, devemos dar maior atenção ao supermercado, porque ele, sim, estará atendendo diretamente este consumidor final. Então, teremos aí um conjunto de atividades e um grupo de pessoas para atender.

Começa pelo vendedor, que irá até a loja e, da forma mais profissional e adequada, efetuará a venda. Deverá ser oferecido aquilo que for possível atender.

Por exemplo, vender 500 latas de ervilha se tiver esta quantidade em estoque. Se o vendedor anotar 500 latas e forem entregues 300, o Rei estará sendo mal atendido. É muito comum ver pedidos serem entregues parcialmente.

Ao lado das gôndolas: o trabalho dos demonstradores de produtos no supermercado

Um comprador de uma loja, quando vai comprar, tem que analisar seu espaço físico, que é limitado no depósito, nas câmaras e na área de vendas, e também as quantidades pedidas e os estoques dos fornecedores.

Se ele pede 500 latas de ervilhas, ele estará ocupando seus espaços, dividindo-os com seus fornecedores de ervilhas. Se forem entregues apenas 300 latas, ele terá que comprar novamente de outro fornecedor e terá que redimensionar seus espaços outra vez. Isso não é atender bem o cliente.

O segundo passo são os entregadores. Estes deverão entregar os produtos ao Rei no dia, hora, quantidade e estado de conservação que havia sido estabelecido.

Terceiro, é o promotor de vendas que irá abastecer os produtos nas áreas de vendas e deixará tudo limpo e arrumado.

Quarto, é a manutenção das ações propostas e havidas na loja. A responsabilidade desta manutenção é além das que foram faladas acima, do demonstrador que terá como tarefa principal atender ao consumidor final diretamente, que é o Rei de todos os envolvidos nesta cadeia comercial.

Vejamos o que o supermercado espera do distribuidor.

Ele espera que o distribuidor traga promoções, venda bons produtos e que estes deem lucro; que os produtos sejam entregues conforme o pedido, e seja fornecida mão de obra para seu abastecimento nas áreas de vendas, e que o consumidor seja atendido pelo demonstrador adequadamente, no mínimo.

Nosso dever como demonstradores é estar nos clientes nos dias e horários marcados, e estar com todo o material e equipamentos necessários ao nosso trabalho prontos e funcionando, como também estar com a área de vendas atraente e limpa para o consumidor final.

Sempre que você estiver trabalhando numa loja, imagine que você é o dono do supermercado e aja como você gostaria que um demonstrador agisse.

2. DEMONSTRAÇÃO, DEGUSTAÇÃO E VENDAS

2.1. Demonstração

A demonstração é um trabalho que normalmente é mais fácil do que uma degustação, porque não envolve as ações de preparo de alimentos para servi-los.

Assim como numa degustação, o demonstrador deverá ter um espaço físico determinado pela loja para atuação, e lá exercer esta função.

A maneira de trabalhar, técnicas de abordagem, conhecimentos sobre o produto a ser apresentado, cuidados, entre outras coisas, são muito similares aos procedimentos de uma degustação.

Vamos usar o exemplo de uma demonstração de desodorante, que eu havia comentado anteriormente: a começar pela embalagem, que geralmente é de tamanho menor (promocional), por ser apenas uma amostra com a intensão de fazer o consumidor conhecer e fazer um pequeno uso daquele produto.

Então o demonstrador deverá ter uma quantidade suficiente para atender ao número estimado de clientes para aquela loja, durante o período da ação. Provavelmente terá um uniforme que o identificará perante o consumidor e pessoal da loja, terá um pequeno móvel (não necessariamente) para acondicionar as embalagens que serão utilizadas, e possivelmente panfletos com as características daquele desodorante.

O que o demonstrador deve fazer?

Em primeiro lugar, como já foi dito, estar na área de vendas com tudo pronto no horário predeterminado. E o que julgo mais importante é estar preparado tecnicamente, no que diz respeito ao conhecimento do produto e técnicas de abordagem para poder iniciar seu trabalho.

Tanto sua própria aparência quanto a do seu local de trabalho devem estar impecáveis, e a apresentação dos produtos também. Não se entrega ou demonstra nenhum produto sujo ou amassado, enrugado ou qualquer coisa do gênero a um consumidor.

É muito comum ver lojas com mostruários estragados, sujos, com defeitos, porque "é só uma amostra"! Ora, se é só uma amostra, tem que ser uma amostra condizente com aquilo que se pretende. Eu costumo ver nas amostras os possíveis defeitos que posso encontrar no produto futuramente, ironicamente as lojas expõem isso.

O mesmo acontece com as demonstrações. Não se deve entregar produtos que não estejam em perfeitas condições de uso e apresentação.

Claro que se a empresa insistir nisso você deve executar, mas se você tiver opção, não o faça.

Quando apresentar um produto ao consumidor final, sempre o faça com um ar de satisfação no rosto, sem exagero, para não parecer falsidade. O consumidor perceberá se você não acreditar no produto ou não gostar do que está fazendo.

Por isso que costumo dizer que antes de vender, você mesmo deve "comprar" o produto. Comprar no sentido de acreditar nele, acreditar no conceito, e acreditar que aquilo que está fazendo é correto; então, você desempenhará bem a sua função.

Seria difícil você fazer uma demonstração de um produto que não goste.

Ao fazer a abordagem, sempre olhando nos olhos do cliente, chamando a atenção para o produto que está mostrando e falando sobre suas características.

Quando falar com um consumidor, deverá ao mesmo tempo tentar descobrir que tipo de consumidor ele ou ela é, como por exemplo, curioso. Este tipo de consumidor pode estar apenas matando a curiosidade sobre o que está fazendo e acaba não comprando nada e tomando um tempo precioso seu. Falaremos mais à frente sobre alguns tipos de consumidores a serem abordados.

Quando falamos de demonstração ou degustação, estamos também falando de promoção. O comum é que se façam estes tipos de trabalho por lançamento de produtos ou relançamento de algum item com um *plus* para reiniciar seu ciclo de vida, mas se não for isso, será mesmo para vendas.

Uma promoção poderá ser:

2.1.1. De preço

Quando seus produtos terão os preços abaixados por um determinado tempo, ou quando seus estoques estão altos e podem vir a ter problemas com data de **validade.** O seu supervisor ou vendedor acerta com a loja uma quantidade maior de produtos para venda com um preço promocional. Muitas vezes não há necessidade do trabalho do demonstrador, mas outras vezes é sim preciso que ele entre em ação e faça um excelente trabalho. Neste tipo de promoção todos aqueles que atendem aquela loja estarão envolvidos, como o supervisor, o vendedor, o pessoal de entrega, o pessoal de apoio da empresa e, claro, o demonstrador. Todos terão como meta a venda, e nesta tarefa todos têm uma parcela de responsabilidade.

2.1.2. De produto e/ou de linha de produtos

Quando um determinado produto está perdendo terreno frente à concorrência, quando se está lançando um produto no mercado, ou relançando um produto com alguma modificação. Neste caso, quase sempre vem acompanhado de preço baixo, mas não é regra geral.

A diferença está na necessidade da ação. Se for estoque alto, será de preço, se for de perda de mercado ou da necessidade de ganho de espaço no mercado, será de produto. Quando o foco está somente na venda, não importando o produto, desde que se tenha em estoque, o trabalho será feito em cima do volume. Quando a atenção for em cima de um produto especificamente, a ação terá como meta vender muito aquele item.

O ideal é que em toda promoção deva haver cartazes informando sobre o que está acontecendo. Você, demonstrador, poderá conseguir apoio do pessoal da loja para fazer algum cartaz, caso não tenha vindo da empresa, para ser colocado no local em que você estará fazendo seu trabalho. Outra pessoa que pode ajudá-lo é o promotor de vendas, seu colega.

Quando acontece alguma ação motivada pelo produto, também pode estar vinculada à uma data ou período específico, como datas especiais. Vejamos abaixo algumas datas que constam nos calendários brasileiros para este tipo de trabalho. Não colocamos algumas que são em dias variados, como carnaval, dia das mães, entre outros.

Mês, dia e evento
Janeiro
1 Confraternização Universal
1 Dia Mundial da Paz
6 Dia de Reis
7 Dia do Leitor
8 Dia do Fotógrafo

15 Dia Mundial dos Compositores
30 Dia da Saudade
31 Dia Mundial do Mágico

Fevereiro
1 Dia do Publicitário
19 Dia do Esportista

Março
2 Dia Nacional do Turismo
7 Dia do Fuzileiro Naval
7 Dia Mundial da Oração
8 Dia Internacional da Mulher
14 Dia Nacional da Poesia
15 **Dia Mundial do Consumidor**
15 Dia da Escola
21 Dia Universal do Teatro
27 Dia do Artista Circense

Abril
1 Dia da Mentira
7 Dia do Jornalismo
7 Dia Mundial da Saúde
8 Dia do Profissional de *Marketing*
8 Dia Mundial de Combate ao Câncer
13 Dia dos Jovens
15 Dia do Desarmamento Infantil
19 Dia Nacional do Índio
21 Tiradentes
21 Dia da Polícia Civil e Militar
22 Dia da Força Aérea Brasileira
23 Dia Mundial do Escoteiro
28 Dia da Sogra

28 Dia da Educação

Maio
1 Dia do Trabalho
8 Dia do Artista Plástico
Dia das Mães (2° domingo)
27 Dia do Profissional Liberal

Junho
5 Dia Mundial do Meio Ambiente
3 Pentecostes
12 Dia dos Namorados
14 Corpus Christi
26 Dia Internacional do Combate às Drogas
29 São Pedro

Julho
2 Dia do Bombeiro Brasileiro
8 Dia do Panificador
19 Dia da Caridade
20 Dia do Amigo e da Amizade
26 Dia da Vovó

Agosto
11 Dia do Estudante
12 Dia dos Pais
15 Dia dos Solteiros
19 Dia Mundial da Fotografia
29 Dia Nacional de Combate ao Fumo
31 Dia do Nutricionista

Setembro
7 Independência do Brasil

Ao lado das gôndolas: o trabalho dos demonstradores de produtos no supermercado

22 Dia do Amante
30 Dia da Secretária

Outubro
4 Dia do Cão
4 Dia da Natureza
5 Dia Mundial dos Animais
12 Dia da Criança
12 Nossa Senhora Aparecida (Padroeira do Brasil)
15 Dia do Professor
31 Dia das Bruxas

Novembro
2 Dia de Finados
5 Dia do Cinema Brasileiro
15 Proclamação da República
19 Dia da Bandeira
22 Dia do Músico
25 Dia Nacional do Doador de Sangue

Dezembro
1 Dia Mundial de Prevenção contra a AIDS
8 Dia da Família
21 Dia do Atleta
23 Dia do Vizinho
25 Natal

Muitos desses dias são usados para promoções e geram um grande número de vagas de trabalho temporário pelo Brasil inteiro; é uma boa oportunidade para conseguir um emprego temporário e mostrar a qualidade do seu trabalho e, quem sabe, se firmar em uma empresa, fazendo parte do quadro de pessoal.

2.2. Degustação

Trabalhar com degustação é muito bom porque você trabalha dando satisfação ao consumidor final o tempo todo. Servir alimentos, apesar do trabalho que dá durante a ação, é muito prazeroso. Você vê o resultado na hora.

É bom saber que a degustação existe para que o consumidor tenha um contato com o produto na forma de consumo. Isso faz com que o cliente consumidor que não conheça o produto ou que nunca tenha provado antes, tenha a oportunidade de fazê-lo. É claro que o objetivo final é a venda, mas como vender para quem não está estimulado a consumir?

Quando fazemos uma degustação nos expomos. Nos colocamos em uma vitrine em que todos podem nos olhar e dar suas opiniões. Óbvio que estamos falando do nosso produto, mas por meio dele nos deixamos para avaliação.

Tudo conta em um caso assim. A apresentação pessoal, a visual, o preparo do produto – se houver –, a maneira que é servido, o que é dito ao consumidor e, por fim, o paladar. Este último é que irá determinar a compra. Quanto ao preço, se não for algo muito fora do normal, ainda não é possível falar, porque o consumidor que irá dizer se valeu o custo-benefício para ele.

Falamos em paladar, mas não é só isso, o aroma também pode ser um fator determinante para um consumidor em potencial se tornar um consumidor efetivo.

Lembrando que nada deve ser exagerado, nem a apresentação, porque pode assustar o consumidor, que pode pensar o quanto ele terá que pagar pela apresentação servida; nem muita degustação, porque ele também pensará que está pagando a mais por isso; nem muito ou pouco tempero, se for o caso, ou fora do ponto de cozimento; enfim, nada além do que foi orientado.

A degustação deve ser entregue olhando nos olhos do consumidor, um por um. Não dá para atender no atacado e mecanicamente. O consumidor deve ser respeitado como indivíduo e como tal deve ser atendido.

É melhor atender dez clientes bem do que 50 de qualquer jeito. O objetivo do demonstrador é, além da venda, é claro, fazer com que o consumidor se torne demandante daquele produto, de preferência para sempre.

Maurício Allarcon

2.3. Vendas

Existe a figura do Vendedor, que é aquele que efetua a venda ao supermercado propriamente dita, anotando em um documento, que é o pedido, os produtos de que seu cliente necessita.

O promotor de Vendas também vende. Vende, e vende muito. Todo trabalho do Promotor de vendas tem uma consequência, e é traduzida em vendas.

Se o promotor fizer um bom trabalho nos clientes, certamente venderá mais.

Para efetuar uma venda a um Supermercado, o vendedor tem que examinar a área de vendas para saber o que está faltando; tem que fazer a contagem física dos produtos armazenados que ainda não foram para a área de vendas. Aí sim o vendedor pode saber quanto de produto cabe na loja.

Para um promotor, o trabalho é um pouco mais complicado, porque ele tem que manter a área de vendas sempre cheia de produtos, deve manter um estoque no depósito que não seja nem demais, nem de menos. Não pode faltar produto de forma alguma.

Um demonstrador também tem um papel de vendas muito importante, porque sem oferecer para venda, ele deve estimular o desejo de compra no consumidor. Como se faz isso? Com um trabalho bem feito! A empresa já fez a parte dela criando um produto, vendendo, abastecendo a loja, agora só falta você. O demonstrador deve executar suas tarefas da melhor maneira possível para encantar o consumidor final.

Ao lado das gôndolas: o trabalho dos demonstradores de produtos no supermercado

O trabalho de demonstração é um trabalho com um olho no presente e outro no futuro. O demonstrador deverá vender hoje, mas principalmente no futuro.

Se um consumidor repetir a compra que você fez a degustação, então terá feito um excelente trabalho.

Para um demonstrador vender bem, seguem abaixo algumas recomendações sobre vendas:

- Você não vai conseguir passar todas as informações a respeito do seu produto se não o conhecer bem, portanto estude tudo sobre ele para ter boa argumentação e fazer uma boa abordagem. Você receberá orientações no treinamento, então preste bem atenção, pergunte bastante e, caso isso não for suficiente, estude todo o material que lhe entregarem;
- Antes de falar com o consumidor final da loja no cliente, prepare-se psicologicamente, para estar de alto astral e bom humor, e iniciar uma conversa de forma positiva. Com isso, você deve fazer com que toda a comunicação entre vocês seja positiva. Você, em primeiro lugar, deve estar bem, depois deve falar das características, das vantagens e dos benefícios que o produto oferece em relação à concorrência (sem denegrir a imagem do concorrente);
- Durante uma abordagem, seja por demonstração ou degustação, olhe nos olhos da pessoa atendida e demonstre atenção em tudo que ela fala. É muito ruim quando estamos falando com alguém e percebemos que este alguém não está nos dando atenção alguma. Só está nos olhando com aquele olhar de "já terminou?";
- Vender não é fácil, porque o consumidor quer que você o convença de que aquela compra será boa para ele. Não

é só quanto ao produto, mas em relação à quantidade e benefícios daquela aquisição. Ele, o comprador, criará algumas objeções para você superá-las. É aí que entra a preparação anterior. Se você estiver com todas as informações necessárias, certamente passará por todas as dificuldades;

- Quando for abordar um casal de consumidores, e se você é **um** demonstrad**or**, prefira abordar o homem primeiro e só depois de perceber a "autorização" dele, dirija-se à mulher. Se você for demonstrad**ora**, prefira abordar a mulher, e se ela não se interessar e você perceber que o homem está interessado em sua explicação, então dirija-se a ele. Isso é para não causar constrangimentos desnecessários quando o homem ou a mulher sente ciúmes da sua companhia, em função da sua abordagem. Poder evitar problemas é muito melhor;

- Quando trabalhamos com vendas, é muito comum ver profissionais que, mesmo depois de entregar a degustação e o cliente adquirir um produto, insistirem em continuar vendendo para aquele consumidor. Perceba que quando o cliente já comprou o produto significa que ele está convencido da compra, então não perca tempo na insistência, atenda outro consumidor. O mesmo acontece quando ele não quer. Não adianta ficar insistindo, porque ele estará sempre apresentando objeções que outros estarão ouvindo;

- Nunca discuta com o consumidor ou com pessoal da loja. Esta é uma situação que só o demonstrador perde. Primeiro que o cliente sempre tem razão (mesmo que não tenha), e temos dois clientes aí. O primeiro é o supermercado, representado pelos funcionários, e o consumidor final, que é cliente do seu cliente. O melhor sempre é esperar os ânimos se acalmarem e depois conversar sobre o assunto, mas sem provocar uma nova discussão.

Ao lado das gôndolas: o trabalho dos demonstradores de produtos no supermercado

O demonstrador pode pensar que se não recebe comissão, por quê se preocupar com as vendas? Porque não existem apenas os resultados numéricos para cada venda. Existe também a questão de sobrevivência da empresa, em que o demonstrador tem parcela de responsabilidade. Tem a questão social que vem junto com a sobrevivência da empresa e, por consequência, a manutenção dos empregos de todos os envolvidos, tem a questão moral de estar fazendo o que foi pago para fazer, a questão de desenvolvimento profissional e pessoal fazendo o melhor que pode, então, não devemos nos ater somente aos valores de comissões que normalmente são pagas aos vendedores.

3. TIPOS DE CLIENTES CONSUMIDORES

Quando lidamos com pessoas, todo cuidado é pouco. Todos nós somos diferentes e, sendo assim, respondemos diferentemente aos estímulos. Exemplificando de uma forma simples, basta observar as pessoas quando encontram uma criança. Cada uma reage de uma maneira. Umas dão rizada, outras fazem ar de felicidade, outras são indiferentes, outras se irritam; enfim, para uma mesma situação acontecem diversas reações.

Nós, que estamos fazendo uma abordagem, devemos nos preocupar com esse aspecto. Trabalharemos com um padrão de comportamento, porém, poderemos, em uma situação ou outra, atender nossos abordados de maneira diferente, tentando dizer a mesma coisa.

Existem algumas pessoas com características mais ou menos identificadas e, para cada uma, poderá ser um tratamento diferente.

Já fazemos isso nas nossas vidas de maneira natural, a diferença é que estamos trabalhando e também não podemos deixar as emoções aflorarem.

Vamos falar de algumas características e algumas sugestões de como tratar essas pessoas. Vamos levar em conta que todos no mercado estão fazendo compras e a grande maioria está com pressa, mesmo assim as características pessoais falam mais alto no ato da compra.

Em primeiro lugar as pessoas com características mais **comuns**, ou seja, passam pela abordagem de maneira natural, sem grandes questionamentos, sem estresse e no fim acabam comprando o produto por sua influência. Que bom se todos fossem assim. Não há com que se preocupar, é só fazer o seu trabalho naturalmente.

Tem também o tipo **apressado**, que quase não dá atenção por que tem pressa de ir embora. Neste caso, percebendo a pressa, você deve ser rápido na apresentação e não esticar muito a conversa. Procure falar tudo sobre o produto da forma mais objetiva possível. Não permita interrupções, ou se não puder evitar, rapidez na interrupção e volte logo para aquela abordagem. O consumidor não pode sair da abordagem irritado com você. Isso acaba prejudicando a venda. Não adianta tentar esticar a conversa, porque depois de um tempo o consumidor não escutará mais, voltará seus pensamentos para outra coisa e você estará falando sozinho.

Outra característica de consumidor é do **curioso**. Este vem até você e faz as perguntas todas. Lê tudo e experimenta tudo. Por fim acaba comprando. O cuidado que se deve ter é quando este curioso for também pessimista. Neste último caso, a abordagem deve ser rápida e devemos torcer para que ele vá embora rápido. Não é bom prolongar a abordagem com ele.

Ao lado das gôndolas: o trabalho dos demonstradores de produtos no supermercado

Mas, um consumidor diferente é o **entusiasmado**. Este não só compra tudo, como também quer vender para você. Esta é uma situação difícil porque este consumidor não foi treinado para isso, portanto se ele começar a abordar seus clientes retome a abordagem para si. Você é quem sabe exatamente o que dizer para as pessoas.

Também tem o tipo **aposentado**. Este não tem pressa e está no mercado para comprar um ou dois itens e precisa gastar o tempo. Quando encontra alguém para conversar, ele abusa. O promotor não tem permissão para ficar conversando na área de vendas. Ele só pode fazer a abordagem falando o necessário.

Tipo **calado**. Até parece que ele não está nem um pouco interessado, porém está ouvindo atentamente o que você diz. O que deve fazer é falar sobre o seu produto da mesma forma como faria para outras pessoas. Se ele não falar nada, não tem importância. Você tem que fazer a sua parte.

O **irritado**. Do tipo que não há o que diga que o faça acalmar. Sempre será irritado. Já vem assim de casa. Não tome como pessoal e o atenda como se ele fosse comum. Não é bom deixarmos notar a percepção de um defeito do consumidor. Agir naturalmente é mais recomendável.

Se você é um demonstrador e for abordar uma **mulher** só, cuidado com as palavras e com os olhares. Ser muito profissional é a melhor dica. Dificilmente uma mulher sendo abordada demonstraria algum interesse pessoal no demonstrador e, se isso acontecer, não se deve misturar as coisas. Seja profissional.

Caso seja você uma demonstradora, então poderá encontrar **homens** que estejam mais interessados em você do que no produto. Alguns até falam gracinhas, mas não se preocupe nem leve para o lado pessoal. Este tipo de pessoa faria a mesma coisa com qualquer mulher, então não é com você. O que deve ser feito é falar do produto, ignorando a investida do homem e, caso ele não se interesse pelo produto, peça licença, mude e atenda outro consumidor.

Se a pessoa for **inconveniente** e você estiver sozinha, invente uma desculpa qualquer e saia do local. Vá para o depósito ou para uma gerência para disfarçar. Nunca enfrente ou fale retrucando o consumidor. Você não ganhará nada com isso.

Quando for **criança**, e a abordagem é para um produto de adulto, peça para que a criança chame um responsável para atendê-la. Faça sempre com muito carinho, pois os pais podem estar por perto observando seu tratamento. Se a criança estiver com os pais, volte-se para eles e peça permissão para atender a criança. Muitas crianças

Ao lado das gôndolas: o trabalho dos demonstradores de produtos no supermercado | **131**

têm problemas com alguns tipos de alimentos e dificilmente contariam isso. Os pais é que são responsáveis.

Bom, e o **cliente "X"**. Você já ouviu falar?

O cliente "X" é normalmente um funcionário da rede ou da loja que você está trabalhando, que simula uma dificuldade e pede ajuda para qualquer pessoa que estiver trabalhando naquela loja e avalia os resultados.

O comum é não ficar sabendo na hora em que acontecer o fato, mas depois poderá sim saber dos resultados.

Veja como é perigoso atender mal algum consumidor, porque ele poderá ser o cliente X que irá avaliar o seu desempenho como profissional.

Um demonstrador ou demonstradora nunca deve fazer distinção das pessoas por raça, religião, idade, ou aparência. Além de não ser profissional, não é ético este comportamento.

4. CARTÃO PONTO, LIVRO DE ANOTAÇÃO

Levar consigo o Cartão Ponto devidamente preenchido é uma obrigação do demonstrador, e está previsto em lei. Isso assegura proteção a você e à sua família em caso de acidente, ou mesmo fiscalização, além do que o funcionário e a empresa estão sujeitos a punições pelo não cumprimento da lei.

Consta na Consolidação das Leis do Trabalho (CLT), Art. 74, parágrafo 3º: **"Se o trabalho for executado fora do estabelecimento, o horário dos empregados constará, explicitamente, de ficha ou papeleta em seu poder, sem prejuízo do que dispõe o § 1º deste artigo."**

O Livro de Anotação ou Folha de Frequência normalmente fica no cliente onde o demonstrador trabalha. Ele, o cliente, é que os utiliza para controlar a frequência do demonstrador na loja. Não são obrigados por lei, mas podem também protegê-lo em caso de dúvida.

Já vi acontecer caso do funcionário estar no cliente, em um determinado dia, e o pessoal da loja afirmar que ele não compareceu (por esquecimento ou falta de atenção). Ao fazer-se uma investigação, foi constatado no caderno de presença da loja que houve comparecimento do funcionário no dia citado. Este cliente já havia pedido o desligamento do funcionário e, se não fosse a anotação deste no caderno, ele seria injustamente prejudicado.

Se nas lojas em que você irá trabalhar não houver nenhum registro para anotar, faça com que você seja notado. Cumprimente todos cordialmente e mostre ao encarregado o resultado final do seu trabalho.

Ao lado das góndolas: o trabalho dos demonstradores de produtos no supermercado 133

5. SEGURANÇA NO TRABALHO

Muitas das atividades que exigem algum esforço ou exercício físico têm seus riscos.

Um demonstrador pode manusear caixas de produtos, bem como manipular alimentos, muitas vezes com utilização de micro-ondas.

O que acontece com situações como essas de risco?

O demonstrador ou demonstradora que poderá usar carrinhos, faz força física, trabalha com instrumentos cortantes, com frio, anda na rua, elevadores, depósitos etc., está constantemente correndo certo risco de pequenos acidentes.

Empresa nenhuma gosta de empregados que aparecem com atestados médicos, simplesmente porque não é bom para ninguém quando um funcionário se ausenta.

O que é importante para os demonstradores é cuidar de si mesmo; usar todos os equipamentos que lhe forem entregues; usar com cuidado os equipamentos e os utensílios para manipulação de alimentos; ter cuidado ao andar nas ruas; enfim, proteger-se de todas as possíveis possibilidades de acidentes, como também cuidar de acidentes com outras pessoas.

As empresas têm a obrigação de providenciar e entregar os equipamentos de segurança e os empregados têm a obrigação de usar e cuidar deles.

Veja o que diz a CLT, Capítulo V, Art. 157, sobre a segurança e a medicina do trabalho:

Cabe às empresas:
I – Cumprir e fazer cumprir as normas de segurança
e de medicina do trabalho;
II – Instruir os empregados, através de ordens de
serviço, quanto às precauções a tomar no sentido de
evitar acidentes do trabalho ou "doenças ocupacionais; (...).

Por exemplo, para um trabalho de degustação, o demonstrador recebe uma luva para retirada dos alimentos quentes do micro-ondas, a partir deste momento não faz sentido que o demonstrador se queime com alimentos retirando-os do micro-ondas sem a devida proteção.

Mas isso não é tudo, você irá se deparar com diversas situações de risco, e preveni-las vai depender só de você.

Ainda no Capítulo V, Art. 158 da CLT:

Cabe aos empregados:
I – Observar as normas de segurança e de medicina
do trabalho, inclusive as instruções de que trata o
item II do artigo anterior (157).
II – Colaborar com a empresa na aplicação dos dispositivos deste capítulo.
Parágrafo único. Constitui ato faltoso a recusa
injustificada:
À observância das instruções expedidas pelo empregado, na forma do item
II do artigo anterior (157); (...).

Não faça as coisas correndo. Fazer rápido não significa que você tenha que sair correndo pela loja. Correr é uma situação de risco, você pode tropeçar, torcer a perna, cair, derrubar alguém, enfim, a correria é inimiga da perfeição.

Se tiver que subir em prateleiras nos depósitos, use escada, e se ela não estiver em condições seguras, comunique ao encarregado do setor ou da loja.

Não carregue peso além do seu limite físico. Não esqueça que para erguer um peso, deve-se abaixar, dobrando os joelhos, pegar o objeto firmemente e, com a coluna reta, erguer-se com o mesmo rente ao corpo.

Se você trabalhar com estilete, faca, fatiadeiras ou outros instrumentos cortantes, faça isso com calma e muitíssimo cuidado.

Quando tiver algum ferimento aberto no corpo, não o deixe exposto quando trabalhar. Você poderá contaminá-lo e causar uma grave infecção.

Podemos falar de inúmeras situações de risco de acidentes, mas nada vai adiantar se você não obedecer às normas e não utilizar o equipamento de segurança. Cuidar da segurança é cuidar de si mesmo e respeitar os outros.

GLOSSÁRIO

Este banco de dados, disposto em ordem alfabética, tem por objetivo mostrar o significado de algumas palavras ou expressões utilizadas no livro e no mercado, e que dizem respeito ao meio supermercadista.

Abastecer: colocar os produtos nas gôndolas, prateleiras, ilhas ou quaisquer outros pontos de exposição na loja.

Ações promocionais: atividades destinadas a promover produto ou marca, cliente que se está trabalhando, ou outras situações em que a empresa tiver interesse: Exemplo: degustação de produtos na loja.

Acondicionados: produtos acondicionados é o mesmo que dizer produtos colocados de forma ordenada ou não em alguma gôndola, prateleira, ou outro lugar da loja.

Agrupamento – produtos e marcas: é quando se colocam nas prateleiras os produtos em grupos, que podem ser por tipo de produto ou marca. Quando é por tipo de produto, colocam-se todas as marcas juntas naquele espaço, e quando é por marca, colocam-se todos os produtos de cada uma das empresas, independente dos produtos. Ou seja, agrupam-se os produtos iguais, ou agrupam-se as marcas dos produtos.

Área de vendas: toda área de um supermercado destinada à exposição de produtos para vendas, visitada pelos consumidores. É também o local onde os demonstradores fazem seus trabalhos.

Automatização: técnica de tornar os trabalhos mecanicamente independentes, ou seja, trabalhos que tenham ações repetitivas são automatizados mecanicamente, dispensando as atividades manuais.

Benefícios: são as facilidades e boas coisas oferecidas pelos produtos. Exemplo: "modo de preparo", "sabor, aroma", "textura" etc. São coisas que o demonstrador irá passar para os consumidores finais.

Bolor: mofo, vegetação que se desenvolve sob a ação do calor e umidade sobre matérias orgânicas em decomposição.

Ao lado das gôndolas: o trabalho dos demonstradores de produtos no supermercado

Bonificação: forma de reparar algum prejuízo ou repasse de valores para um mercado em uma comercialização. Exemplo: um fornecedor "alugou" determinado espaço de área na loja para expor e vender seus produtos. O cliente pediu o valor correspondente em produtos. Então este pagamento será feito como bonificação.

Compartimentos fechados equipados com aparelhos de refrigeração, destinados à guarda e armazenagem de frutas e verduras refrigeradas, ou congelados, com uma temperatura muito mais baixa. Então podem ser câmaras para refrigerados, ou câmaras para congelados.

Características: formas em que se apresentam seus produtos. Exemplo: "aveia *in natura* fechada em saco plástico impermeável, embalada em caixa de papelão especial". "Caixa de transporte com 12 unidades". Também será passado ao cliente consumidor pelo demonstrador.

Carrinho: veículo utilizado para transporte de mercadorias dentro das lojas. Pode ser um carrinho de supermercado (comum), ou pode ser um carrinho maior, menor, enfim, diferenciado, para uso exclusivo da loja, e não para clientes.

Check-out: locais nos mercados onde são passadas as compras dos clientes, para conferência e pagamento, também chamados de caixas.

Cliente: pessoa física ou jurídica que é atendida por um fornecedor de produto ou serviço, podendo ser ou não o consumidor final (veja Consumidor).

Comércio varejista: empresas que comercializam seus produtos no mercado de varejo, que é a venda de diversos produtos por unidades e em pequena quantidade.

Concorrentes: diversos fornecedores de produtos e/ou serviços equivalentes, que competem entre si pelos mesmos clientes ou espaço no mercado.

Consumidor final: é aquele que irá efetivamente consumir ou utilizar-se de um determinado produto. Segundo o Código de Proteção e Defesa do Consumidor, "o consumidor é toda pessoa física ou jurídica que adquire ou utiliza produto ou serviço como destinatário final." Ele é o foco do trabalho dos demonstradores.

Contaminação: é a transferência de micro-organismos de um corpo ou local para outro corpo ou local. Estes micro-organismos podem causar doenças ou não. Tudo vai depender do seu tipo e quantidade. Podem ser bactérias, fungos, protozoários etc. Pode-se também contaminar alimentos com produtos químicos, como solvente, álcool, sabão etc.

Custo operacional: quando se executa uma determinada operação, existe um custo. Esse custo é orçado com todas as suas variáveis. Exemplo: para um trabalho especial, contrata-se um funcionário. É necessário calcular o valor do seu salário, alimentação, transporte, encargos etc. Aí se calcula todo o processo, como materiais, locais, acessórios, material promocional, transporte, enfim, tudo o que envolve a operação.

Decomposição: estragar, desintegrar, modificar para pior. Um produto, quando se decompõe, apodrece, estraga. Um dos primeiros sintomas é o cheiro, que é bem característico.

Degustação: ato de fazer com que o consumidor final prove determinado produto. Este trabalho é feito por demonstradores(as) que, além de servir, informam sobre as características, vantagens e benefícios do produto apresentado.

Demanda: quando se fala que um determinado produto tem demanda, isso quer dizer que aquele produto tem consumidores que irão comprá-lo. Nível de demanda é igual à capacidade de compra, consumo.

Departamento de loja: uma loja é dividida em alguns departamentos, que são constituídos de várias Seções. Exemplo: o Departamento de Perecíveis tem a Salsicharia, o Açougue, a Peixaria, etc. que são seções e que compõem o departamento.

Dinamismo: energia em atividade. Atividade contínua. Uma atividade dinâmica é uma atividade que exige muita energia para ser exercida.

Distribuidor: empresa fornecedora encarregada de fazer a distribuição dos produtos de um ou mais fabricantes, em uma determinada região. A distribuição envolve a comercialização, entrega e cobrança dos produtos aos clientes.

Embalagem de transporte: é um tipo de embalagem destinada a proteger os produtos no transporte, desde a fábrica até a exposição desses produtos nos supermercados.

Empresas pesquisadoras: empresas particulares que têm por objetivo monitorar, por meio de pesquisas, os mercados de inúmeros setores, e depois vender os resultados às empresas interessadas. Ao invés de uma empresa ir de loja em loja para contar e medir os produtos e seus espaços ocupados nas lojas, esta empresa compra o resultado das pesquisas já feitas e tem o mesmo resultado com menor custo, e mais rápido.

Encalhe: produto que foi vendido ao cliente (supermercado) e por alguma razão não foi vendido. Acabou vencendo no mercado.

Encarte: folhas impressas volantes ou cadernos como suplemento em revistas, jornais, listas telefônicas e outros. Impressos que são colocados junto de outras publicações para aproveitar a distribuição e reduzir custos, direcionados ao mesmo público-alvo dos impressos principais.

Entregadores: funcionários dos fornecedores encarregados de levar e entregar os produtos solicitados por intermédio dos pedidos feitos pelos Vendedores para aquela loja.

Estrutura organizacional: organização das partes de um sistema que caracteriza o conjunto da empresa. É como a empresa está organizada formalmente, suas divisões, departamentos, seções, cargos e funções.

Exposição: ato de colocar os produtos ou serviços à vista para visitação e/ou aquisição. Quanto mais técnica for esta exposição, melhores resultados em vendas terão seus produtos.

Fatiadeira: máquina utilizada para fatiar frios, como queijo, presunto, mortadela e outros.

Fissuras: pequenas rachaduras na tinta das paredes internas das latas, embalagens utilizadas para armazenar alimentos ou outros produtos.

Folder: caderno de produtos em oferta ou promoção de um fornecedor ou loja utilizado para atrair os consumidores para compra. Pode ser distribuído nas vias públicas ou enviado pelo correio.

Fornecedor: fornecedor é aquele que vende os produtos e serviços aos clientes. O Código de Proteção e Defesa do Consumidor diz que "Fornecedor é toda pessoa física ou jurídica, pública ou privada, nacional ou estrangeira, bem como os entes despersonalizados, que desenvolvem atividade de produção, montagem, criação, construção, transformação, importação ou exportação, distribuição ou comercialização de produtos ou prestação de serviços".

Gôndola: móvel com conjunto de prateleiras ou gancheiras superpostas, com faces para quatro lados quando estão completas, utilizadas para exposição de produtos em uma loja de supermercado.

Ilha: ponto de venda específico em uma loja, que pode ser para produtos secos, resfriados, congelados e outros, que quando expostos parecem "ilhados", resultando em uma boa apresentação.

Incrementar: crescer, melhorar, desenvolver, aumentar. Quando se fala em incrementar as vendas, significa melhorar as vendas.

Índices de participação de mercado: índice percentual de participação de mercado é a parte proporcional calculada de participação de um produto ou empresa, medida em porcentagem, em relação aos produtos ou empresas concorrentes no mercado.

Infecção: doença causada por micro-organismos patogênicos, que podem ser bactérias, vírus ou fungos.

Iniciativa: é uma qualidade de quem é levado a agir espontaneamente, normalmente antes que os outros. Ter iniciativa é, ao perceber alguma necessidade, fazer algo de forma imediata, sem esperar a intervenção de outros.

Item de cadastro: todas as empresas têm uma relação de produtos de cada um dos seus fornecedores, para que se possa controlar suas entradas e saídas. Item de cadastro é um determinado produto relacionado em seus arquivos.

Laboratório: as empresas que trabalham com algum elemento químico, alimentício ou não, quando necessário, têm em suas indústrias

Ao lado das gôndolas: o trabalho dos demonstradores de produtos no supermercado

um laboratório para análises químicas dos seus produtos, visando controlar o padrão de qualidade no processo fabril.

Layout: planta baixa ou desenho da distribuição das seções de uma loja, ou dos produtos em uma gôndola ou prateleira. É o projeto de algum trabalho, expresso em um desenho.

Layoutização: elaborar o projeto da distribuição das muitas partes de um trabalho, colocando-os em desenho.

Leitora ótica: equipamentos que estão à disposição dos clientes em muitas lojas, para que se faça a conferência dos preços ou características dos produtos. Também estão nos caixas, onde são passados os produtos para dar baixa no estoque e registrar os valores das compras, e nos depósitos, para entrada e conferência dos produtos que chegam às lojas.

Material de *merchandising:* são várias peças utilizadas para trabalhar as promoções dos produtos nos mercados, lojas, degustações, trabalhos especiais etc. São os cartazes, expositores, aparadores, entre outros.

Mix: conjunto de produtos de uma empresa para venda, ou conjunto deles para venda numa loja de supermercado. Um fornecedor pode ter um *mix* de produto em um determinado cliente e ter outro diferente em outro cliente. *Mix* não significa a totalidade de produtos de uma indústria ou loja.

Monitoramento: acompanhamento, supervisionamento. Ato de acompanhar o mercado, no todo ou em parte, por uma pessoa ou empresa, com um objetivo específico.

Padronização: processo de unificação de procedimentos numa organização. Quando a empresa define a melhor maneira de ser executada uma determinada atividade, esta é padronizada para que todos os funcionários a façam da mesma maneira.

Palete: plataforma de madeira tipo estrado, utilizada para transporte de mercadorias ainda embaladas em caixa de transporte, em blocos.

Paleteira: veículo mecânico com garfos na dianteira, usado para erguer e transportar os paletes carregados de mercadorias nos depósitos.

Panfletagem: distribuição de panfletos com ou sem abordagem do assunto contido no impresso, dentro ou fora das lojas de supermercados. Geralmente é feita por demonstradores(as) nas lojas dos clientes, às vezes acompanhada de degustação.

Paradigma: modelo, padrão, norma. Conjunto de formas flexionadas de uma palavra, tomado como modelo.

Parceria: é um acordo, formal ou não, entre duas ou mais pessoas físicas ou jurídicas, com um objetivo comum. Num supermercado usa-se de parceria para confecção dos jornais ou cadernos de ofertas que são distribuídos.

Percentual de lucro: parte proporcional do lucro calculado, medida em porcentagem. Exemplo: a empresa obteve cerca de 12% de lucro bruto no último bimestre.

Perecíveis: são alimentos que deterioram, estragam, vencem, alteram suas características com muita rapidez. Os alimentos perecíveis exigem cuidados especiais.

Planejamento: traçar ou fazer um plano de trabalho. Preparar um objetivo. Tudo o que se faz com planejamento gera os melhores resultados.

Plano de cargos e salários: documento interno da empresa no qual estão elaboradas as formas de distribuição das funções dos cargos, as promoções de cargos e/ou salários, a carreira e as condições (ou pré-requisitos) para que elas ocorram.

Políticas empresariais: forma ou maneira de conduzir os negócios. Cada empresa tem a sua, e não é aberta a pessoas de fora da organização.

Pontas de gôndolas: são as partes extremas das gôndolas, onde sempre são colocados produtos em promoção especial. Os clientes já estão acostumados a procurar bons produtos e preços nas pontas e por isso deve-se dar atenção especial a elas.

Ponto de vendas: são os espaços físicos das lojas dos supermercados, previamente determinados, destinados à exposição e às vendas dos produtos.

Ao lado das gôndolas: o trabalho dos demonstradores de produtos no supermercado

Ponto extra: locais onde se colocam produtos, além dos lugares já estabelecidos para os mesmos. Exemplo: aparelhos de barbear que estão na Seção de Higiene também são colocados nos *check-outs*.

Prateleiras: tábuas das gôndolas, dispostas horizontalmente, usadas para exposição dos produtos.

Queimar lote de produto: liquidação. Venda do lote do produto a preço baixo, geralmente não praticado em condições normais.

Recebedor: funcionário responsável pelo recebimento dos produtos comprados pela loja que são entregues pelos fornecedores.

Restos profissionais: caixas de papelão abertas e vazias, pedaços de fitas gomadas, retalhos de papel, papelão, plástico, migalhas de alimentos ou outras frações que ficam nos locais onde se manipulam e se abastecem os produtos na loja. Os demonstradores, assim como os promotores, produzem muitos restos profissionais.

Resultados numéricos: podem ser índices percentuais de participação ou valores monetários, que são os resultados dos cálculos das vendas.

Rodízio: é o mesmo que FIFO, PEPS ou PVPS, ou seja, colocar os produtos com data de vencimento mais velha na frente daqueles com datas mais novas, para que o mais velho saia primeiro e não vença na prateleira.

Roteiro de visitas: roteiro de visitas é um documento elaborado pela empresa para o vendedor e o promotor de vendas, no qual constam os nomes e os endereços dos clientes e os dias da semana a serem visitados.

Segmentos de mercado: cada uma das partes de um mercado. A segmentação pode ser geográfica, demográfica, psicológica ou comportamental. Cada uma delas tem suas variáveis.

Serviço temporário: atividade contratada para execução em um determinado espaço de tempo, geralmente calculado em até seis meses. Não tem caráter definitivo. É geralmente como é contratado o demonstrador.

Setor de loja: parte de um departamento de uma loja.

Supérfluos: aquilo que é demasiado, excedente, desnecessário.

Terceirização: atividade da empresa, ou serviço contratado entre duas partes, executado por terceiro, podendo ser pessoa física ou jurídica.

Trabalho especial: tarefa executada que não é comum. Trabalho específico e diferenciado para um determinado fim. Pode ser considerado também uma demonstração com degustação na loja.

Vantagem (no produto): algo a mais em seu produto em relação aos outros. Exemplo: macarrão vitaminado, precisa de menos tempo e água para preparar; massa de tomate com 100g a mais pelo mesmo preço dos outros etc. O demonstrador deverá falar sobre isso aos consumidores na hora da abordagem.

Vida útil: tempo de validade de um produto, durante o qual ele pode ser consumido ou utilizado sem causar danos materiais, à vida ou à saúde dos consumidores.

REFERÊNCIAS

ALLARCON, M. **Além das Gôndolas.** Brasília: Editora SENAC, 2014.

CAMPOS, V. F. **TQC – Controle da Qualidade Total (no estilo Japonês).** Rio de Janeiro: Bloch, 1992. 230p.

COBRA, M. **Ensaio de** *Marketing* **Global.** São Paulo: Cobra, 1995. 249p.

LOBOS, J. **Qualidade! Através das Pessoas.** São Paulo: Hamburg, 1991. 184p.

MODESTI, R. **Che Cos'è la Publicità? Suoi problemi e scoppi nella moderna civiltà dei consumi.** Milão: Etas Kompass, 1968. 173p.

MOURA, M. **Manual do Vendedor Lojista.** Curitiba: Kingraf, [S.d.].

OLIVEIRA, J. de. **CLT – Consolidação das Leis do Trabalho.** São Paulo: Saraiva, [S.d.]. 544p.

RATTO, L.; LANDI, A. C. **O Trabalho no Supermercado.** São Paulo: Senac, 2006. 128p.

SIMÕES, R. **Iniciação ao** *Marketing.* São Paulo: Atlas, 1972. 120p.

Código de Proteção e Defesa do Consumidor. Brasília: Ministério da Justiça, 1998.

Dicionário da Língua Portuguesa Larousse Cultural. São Paulo: Ed. Nova Cultural.